DUDEN Abiturhilfen

Kunstgeschichte II

(12./13. Schuljahr)

Hans Hermann Müller

DUDENVERLAG
Mannheim · Leipzig · Wien · Zürich

Die Deutsche Bibliothek – CIP-Einheitsaufnahme
Duden-Abiturhilfen:
[Training für Klausuren und Abitur]. –
Mannheim; Leipzig; Wien; Zürich: Dudenverl.
Kunst. Kunstgeschichte:
12./13. Schuljahr / Hans Hermann Müller. 2. – (1993)
ISBN 3-411-04191-9

Druck und Bindung: Offizin Andersen Nexö GmbH Leipzig
Gedruckt auf Eural Super Recyclingpapier matt gestrichen
Printed in Germany
ISBN 3-411-04191-9

Inhaltsverzeichnis

Bildquellenverzeichnis

A. G. E. Foto Stock, Barcelona; Stvw. Alfeld (Leine); Archiv für Kunst und Geschichte, Berlin; Dr. M. Arnold, München; Art Institute, Chicago; Artothek, J. Hinrichs, Peissenberg; L. M. Beckmann, Darmstadt; Bildarchiv Preußischer Kulturbesitz, Berlin; Bundesbildstelle, Bonn; documenta archiv, Kassel; Ernst Barlach Haus, Hamburg; E. Fischer Bildarchiv, Bad Bramstedt; Folkwang Museum, Essen; Galerie Buchholz, München; A. Gold, Aachen; Farbwerke Hoechst, Frankfurt am Main; Keystone Pressedienst, Hamburg; W. Krase, München; Kunsthalle Hamburg; Kunsthalle Tübingen; Kunsthaus Zürich; Kunstmuseum, Basel; Kunstsammlung Nordrhein-Westfalen, Düsseldorf; A. Koch Kunstverlag, München; Kupferstichkabinett, Dresden; Louvre, Paris; M. Matzerath, Karlsruhe; A. Münchow, Aachen; Musée d'Orsay, Paris; Musée Rodin, Paris; Neue Galerie, Sammlung Ludwig, Aachen; W. Neumeister, München; Nordisk Pressefoto, Kopenhagen; Österreichische Galerie, Wien; Pace Gallery, New York; Photographie Giraudon, Paris; Sammlung Mattioli, Mailand; Sammlung P. Dotremont, Brüssel; SCALA, Florenz; Stedelijk Museum, Amsterdam; Tate Gallery, London; Vitra Design Museum, Weil am Rhein; Wallraf-Richartz-Museum und Museum Ludwig, Köln; Woodmansterne, Watford, Großbritannien; ZEFA – Zentrale Farbbild Agentur, Düsseldorf.

19. Jahrhundert

Das Rokoko war der letzte umfassende Stil des Abendlandes. Eine in diesem Maß allgemeingültige Stilrichtung gab es danach nicht mehr.
Am Ende des 18. Jahrhunderts gingen die verspielten Formen des höfischen Rokoko zusammen mit der barocken Staatsidee des Absolutismus in den Wirren der Französischen Revolution unter. Danach begann eine neue, bürgerliche Zeit, in der auch politische, wirtschaftliche und soziale Spannungen auf die Kultur einwirkten. Der Widerstreit der Meinungen, die allgemeine Unruhe drückte sich in der Kunst aus durch die Entwicklung unterschiedlicher Richtungen, die nun an die Stelle bisheriger Epochen oder Stile traten. So war das 19. Jahrhundert gekennzeichnet durch ein sehr breites Spektrum von Stilauffassungen und Kunstströmungen, deren einzelne Ausprägungen sich durchaus polarisiert gegenüberstehen konnten. Neben Stilformen, die sich durchsetzten und weite Verbreitung fanden, behaupteten sich vorübergehende Stilinseln, deren Grundgedanken erst später erkannt wurden oder aber nie eine Fortsetzung fanden.

Baukunst

Soziale Veränderungen, bedingt durch die industrielle Revolution sowie die vielfältigen geistigen und politischen Bewegungen am Ende des 18. und am Anfang des 19. Jahrhunderts bewirkten neben anderen Wandlungen auch eine Erweiterung der Bauaufgaben: Der bisher dominierende Einfluß absolutistischer Herrscher und der Kirche auf die Bauproduktion löste sich auf. Kommunen, Staat und Industrie wurden als Auftraggeber wichtiger. Bürgerliche (private und öffentliche) Bauprojekte bestimmten die weitere Entwicklung der Architektur: Während bisher im wesentlichen Kirchen, Schlösser, Klöster gebaut worden waren, wurden nun Parlamente, Verwaltungsbauten, Banken und Börsen, Bahnhöfe und Fabriken, Museen und Bibliotheken gebraucht. Daraus folgte, daß die Einheitlichkeit in der Entwicklung baukünstlerischer Formen schon durch die Erweiterung der von den Neubauten wahrzunehmenden Funktionen nicht aufrechterhalten werden konnte. Grob unterscheiden lassen sich dabei im 19. Jahrhundert zwei Strömungen.
Die erste Richtung, die sich auf Vorbilder vergangener Epochen bezog, führte über den Klassizismus in den Historismus. An seinem Ende wurden in der zweiten Hälfte des 19. Jahrhunderts Stilmittel und Ausdrucksformen sinnentleert und willkürlich nur noch zu purer Dekoration verwendet. Die zweite Richtung nahm neuartige technisch-konstruktive Möglichkeiten der Ingenieure auf. Zu vorrangig verwendeten Baumaterialien wurden Eisen und Glas. Damit wollte man nicht nur neuen Funktionen eines Baus gerecht

werden, sondern es sollten damit auch neue baukünstlerische Herausforderungen bewältigt werden.

Klassizismus (ca. 1750–1840)

Im engsten Sinn versteht man unter „Klassik" die griechische Kunst des 5. und 4. Jahrhunderts vor Christus. In einem allgemeineren Sinn gilt jedoch jede im Hinblick auf Proportionen und ästhetische Maßgaben „regelgerecht" gearbeitete Kunstproduktion der alten Griechen und Römer als „klassisch". Der davon abgeleitete Begriff „Klassizismus" wird in einer doppelten Bedeutung verwendet. Zum einen bezeichnet man damit wiederkehrende Kunstströmungen, die sich bewußt auf solche Vorbilder berufen und durch ähnlich klare Formen bestimmt sind; ein Beispiel dafür ist der Schloßbau in Frankreich während der Zeit des Barock (Barockklassizismus), den man in Frankreich noch heute unter „Architecture classique" (klassische Architektur) faßt. Zum anderen meint die Bezeichnung „Klassizismus" die Stilrichtung, die etwa zwischen 1750 und 1840 einen betonten Gegensatz zur vorhergehenden und zum Teil gleichzeitigen Kunst des Spätbarock (Rokoko) entwickeln wollte. Außerhalb Deutschlands, vor allem in Frankreich und England, hatten klassizistische Formen schon vorher eine stärkere Bedeutung, weswegen diese Richtung „Neoklassizismus" genannt wurde.
Grundlage für den Klassizismus, der sich von der Mitte des 18. Jahrhunderts an (und während der Französischen Revolution verstärkt) entwickelte, war zunächst das wachsende Bedürfnis nach festen Regeln. Zunehmend empfand man die verwirrende Anhäufung üppiger Einzelformen im Barock und Rokoko als „Regellosigkeit". Dabei spielte die Rückbesinnung zu republikanischen Bürgertugenden (Virtus) der Römer im Verlauf der Französischen Revolution eine Rolle, bei der sich die Tendenz zum Klassischen gegen die Frivolität und das Raffinement des Rokoko ausbildete und zum Ausdruck eines neuen, eher puritanischen Lebensideals wurde.
Vor allem aber gab die jetzt beginnende archäologische Forschung wichtige Anstöße. Als ihr Begründer gilt JOHANN JOACHIM WINCKELMANN, der sich in Italien umfassende Kenntnisse antiker Kunstwerke aneignete, was nicht zuletzt durch die 1748 begonnenen offiziellen Ausgrabungen in der (durch einen Vulkanausbruch des Vesuvs 79 n. Chr. verschütteten) römischen Stadt Pompeji ermöglicht wurde. Winckelmanns „Geschichte der Kunst des Altertums" (1764) ordnete die neu entdeckte und die bereits bekannte antike Kunstproduktion und brachte sie in einen historischen Zusammenhang. Seine Arbeit stellte gleichzeitig den Anfang der modernen vergleichenden Wissenschaft der Kunstgeschichte dar.
So fanden ab der zweiten Hälfte des 18. Jahrhunderts klassische Vorbilder in ganz Europa neue Beachtung. In fast allen künstlerischen Gattungen machte sich ihr Einfluß verstärkt bemerkbar. In der Baukunst kennzeichnet die Front eines griechischen oder römischen Tempels (Dreiecksgiebel über Säulenstellungen) das Erscheinungsbild einer klassizistischen Architektur.

Karl Friedrich Schinkel: Neue Wache in Berlin (1817/18)

Der übrige, häufig recht blockhafte Baukörper, ist (zum Beispiel durch Gesimse) nur sparsam gegliedert. Auch Dekorationen (Girlanden, Urnen, Rosetten) wurden nur zurückhaltend verwendet.
Baumeister wie Karl Friedrich Schinkel bevorzugten klare, einfache Proportionen wie die der griechischen Tempel. Bei der Planung ihrer Bauten verwendeten sie zum Teil die Maße antiker Vorbilder. Typische antike Bauelemente wurden nicht als bloßer Schmuck, sondern als funktionierende Teile im statischen Zusammenhang verwendet: Die Säulen dienen als wirkliche Stützen und tragen das Gebälk. Schinkels Neue Wache in Berlin ist ein schlichter, quaderförmiger Baukörper über annähernd quadratischem Grundriß mit glatten, leicht abgesetzten Eckpfeilern. Die Front eines klassischen griechischen Tempels ist vor seine Vorderseite gestellt und erscheint durch die in die Tiefe führende doppelte Säulenstellung nicht einfach als Vorbau, sondern wie ein ganzer Tempel, der in den übrigen Baukörper hineingeschoben wurde.
In Frankreich wurde die klassizistische Baukunst von der sogenannten „Revolutionsarchitektur“ eingeleitet. Einfache geometrische Formen wie Würfel, Pyramide, Kegel, Kugel und Zylinder in monumentalen Ausmaßen stellen die Gesamtform des Baukörpers dar. Die meisten solcher Entwürfe sind aber Utopien geblieben, die nie ausgeführt wurden.
Im Kaiserreich Napoleons I. entwickelte sich die französische Form des Klassizismus zu einem anspruchsvollen, imperialen Stil (Empire), der sich mit dem Machtbereich Napoleons über Europa ausbreitete. Seine besonderen Formen entfalteten sich vorwiegend in der Ausstattung des Inneren. Viel Gold, aber auch Purpur, Blau und Weiß kennzeichnen die luxuriös und feierlich wirkenden Räume.

Historismus (ca. 1840–1900)

Der Begriff „Historismus“ bezeichnet Bauten, die im wesentlichen durch Rückgriffe auf vergangene (historische) Vorbilder geprägt sind. Im Klassizismus hatte man angenommen, sich in der Rückbesinnung auf antike Vorbilder an unveränderlichen und dauerhaften Werten zu orientieren. Mit der Entwicklung der Romantik aber verstärkten sich Tendenzen, solche Werte auch in Vorbildern des Mittelalters zu sehen. Nicht nur JOHANN WOLFGANG VON GOETHE zum Beispiel glaubte, besonders in der Gotik die deutsche Wesensart ausgedrückt zu finden. Bedeutende Persönlichkeiten, Schriftsteller und Philosophen verwendeten sich für einen Weiterbau des KÖLNER DOMS, von dem in gotischer Zeit nur die Apsis und der Chor fertiggestellt worden waren. Sammlungen in ganz Deutschland erbrachten nun die Mittel, ihn zu vollenden. Neue Kirchenbauten wurden in einem neugotischen Stil ausgeführt, zuweilen in Anlehnung an den klassizistischen Zeitgeschmack (zum Beispiel bei der WERDERSCHEN KIRCHE in Berlin von Schinkel, 1824–30). Oft allerdings wurden mittelalterliche Formen lediglich kopiert. Im weiteren Verlauf wurde die Renaissance ebenfalls zum nachahmenswerten Beispiel, und zuletzt stellte die gesamte Kunstgeschichte einen reichhaltigen Fundus an Formen dar, aus dem man schöpfte.
Die Rückgriffe auf historische Formen beschränken sich zunächst nicht nur auf formale Bezüge zu vergangenen Epochen. Entsprechend einer These, nach der jedes Bauwerk durch seine Gestaltung seine Art zu erkennen geben müsse, baute etwa LEO VON KLENZE in München einen Palast im Renaissancestil, eine Residenz in barocken Formen und ein Museum, das einem griechischen Tempel gleicht. Nicht immer gelang eine derartige Wiederaufnahme antiker Formen. Um die Jahrhundertmitte mündeten diese historischen Rückgriffe in ein eklektizistisches Bauen. Der Begriff „Eklektizismus“ kennzeichnet die Verwendung architektonischer Einzelelemente jeder Epoche ganz nach Belieben und ohne feste Regeln. In einer nur formalen Weise wurden historische Stilmittel nach modischen Aspekten, untereinander aus-

Leo von Klenze: Glyptothek in München (1816–30)

Gottfried Semper: Zeichnung der Oper in Dresden (1838–41)

tauschbar, völlig unabhängig von Funktion oder Zweck eines Baus zu dessen äußerlicher Dekoration benutzt. So wurden unterschiedslos Villen, Mietshäuser, Bahnhöfe und Kapellen mit den gleichen Formen versehen. Obwohl schon früh Stimmen gegen diesen Stilpluralismus laut wurden (Schinkel zum Beispiel fragte: „Warum sollen wir immer nur nach dem Stil einer anderen Zeit bauen?“), fand man dennoch für die zahlreichen neuen Bauaufgaben, die sich aus der Entwicklung der kapitalistischen Gesellschaft ergaben, keine eigenen neuen Formen.
So wurde die Mehrzahl der Opernhäuser in der ganzen Welt von der Mitte bis zum Ende des 19. Jahrhunderts in einer Form gestaltet, deren Prachtentfaltung eher der königlicher Paläste früherer Zeiten entspricht. Stilformen der Renaissance folgte die DRESDENER OPER von GOTTFRIED SEMPER; die OPER IN PARIS von CHARLES GARNIER wird der teuerste Einzelbau Frankreichs im 19. Jahrhundert. Zu ihrer Ausgestaltung trug eine üppige Dekoration aus kostbarsten Materialien wie Marmor, Porphyr oder vergoldeter Stuck bei. Ihre einzelnen Formelemente stellen einen Querschnitt durch fast das gesamte Repertoire der Kunstgeschichte dar.

Charles Garnier: Oper in Paris (1861–74)

Die Ingenieurkonstruktion

Der Anfang moderner Architektur wurde durch die Verwendung von Eisen und Glas als Baumaterialien in einem bisher nicht gekannten Ausmaß gekennzeichnet. Selbstverständlich wurde schon vorher Glas (als Fensterscheibe) und Eisen (zum Beispiel als Maueranker) verwendet. Nun aber entstanden tragende Wandkonstruktionen und ganze Bauwerke unter ausschließlicher Verwendung dieser Stoffe. Diese Entwicklung wurde zunächst weniger von Baumeistern als von Konstrukteuren und Ingenieuren vorangebracht. Diese, unbelastet von dem vorausgegangenen Umgang mit traditionellen Formen der Baukunst, nutzten technische Erfindungen (wie neue Verfahren zur Erzeugung von Eisen und Stahl) als Grundlage für eine umfangreichere Verwendung von Metallen. Das neue Material und die neue Technik wurden vor allem dort klar und eindeutig verwendet, wo es Architekten und Ingenieure eher mit Bauaufgaben des Alltags zu tun hatten, zum Beispiel bei Brücken, Bahnhöfen oder Ausstellungsgebäuden.
Eine besonders frühe, wegweisende Bauleistung stellt die BOGENBRÜCKE ÜBER DEN SEVERN in England dar (1777–79). Ihre Konstruktion basiert auf fünf halbkreisförmigen gußeisernen Bogen, die miteinander verstrebt und in den Zwickeln verstärkt sind. Ingenieurkonstruktionen dieser Art fanden jedoch erst um die Mitte des 19. Jahrhunderts eine größere Verbreitung. 1851 wurde in nur vier Monaten eine Halle von über 500 Metern Länge mit einer überbauten Fläche von über acht Hektar für die erste Weltausstellung in London aufgebaut. Alle Einzelteile aus Eisen, Holz und Glas wurden vorgefertigt. Die Zeitgenossen empfanden den Raumeindruck als überwältigend und nannten den Bau KRISTALLPALAST. Seine Wirkung beruhte auf der Ehrlichkeit der verwendeten Materialien und ihrer Funktion im Gesamtbaukörper. Daß die durch den Kristallpalast vorgeführte neue Bauweise aber für den Anfang einer neuen Architektur stehen könnte, wurde zunächst noch nicht erkannt.

John Fowler, Benjamin Baker: Eisenbahnbrücke über den Firth of Forth in Schottland (1882–90)

Joseph Paxton: Kristallpalast (1851; zerstört)

Bei einem in traditioneller Weise zum Beispiel durch Mauerwerk errichteten Gebäude muß die Wandstärke unten kräftig sein und kann nach oben hin abnehmen. Beim Stahlbau kann die Tragwerkkonstruktion sich nach unten verjüngen und alle Druck- und Schubkräfte auf die Fußpunkte konzentrieren. Tragbalken und stützende Pfeiler sind nicht mehr zwei verschiedene Bauteile, sondern können durch einen Bogen ersetzt werden, der in einem Schwung vom Boden bis zum Scheitel des Daches und auf der anderen Seite wieder zurückführen kann.

Allmählich entwickelte sich mit den neuen Möglichkeiten dieses Bauens auch ein neues Verständnis von Formschönheit und Gestaltung. So wurden zwei besonders schwungvoll und elegant gestaltete Bauwerke die Höhepunkte der Stahlkonstruktionen des 19. Jahrhunderts: die MASCHINENHALLE und der EIFFELTURM, beide errichtet für die Weltausstellung 1889 in Paris. Wenn traditionell ausgebildete Architekten die neue Technik verwendeten, wurden sie nicht selten zur Vortäuschung falscher Tatsachen verführt. Zum Beispiel ließen sie „korinthische" Kapitelle in Serien aus Gußeisen herstellen und bemalen, um den Anschein eines anderen Materials zu erwecken. Auch wurden dünne, aber ausreichend tragfähige Eisenkonstruktionen mit Gipsplatten verkleidet, um sie wie massive mächtige Pfeiler aussehen zu lassen.

Maschinenhalle der Weltausstellung in Paris (1887–89)

Louis Henry Sullivan, Dankmar Adler: Guaranty Trust Building in Buffalo, New York (1894/95)

Die Schule von Chicago

Historismus und Ingenieurkonstruktion trafen sich zu einer Verbindung zuerst in Amerika. Hier waren die künstlerischen Traditionen Europas weit entfernt und spielten im Alltag keine Rolle. Dagegen zwang das Anwachsen der Städte und der Bevölkerung dazu, teuren Grund und Boden optimal zu nutzen. Raum wurde in der Höhe dazugewonnen. Erste, traditionell gebaute Hochhäuser wurden bald abgelöst durch neue Hochgebäude, die keine tragenden Mauern mehr besaßen. Das Leiter Building in Chicago stellt ein Gerüst von Stahlstützen dar, deren Fronten in voller Höhe und Breite verglast werden könnten. Da der Architekt William Le Baron Jenney das konstruktive Skelett jedoch von außen mit Pfeilern und anderen Formen historisierender Architektur verkleidete, sind die freitragenden Bauelemente nicht zu erkennen.
Durch einen Brand war Chicago 1871 fast völlig zerstört worden. Mit modernen Bürohäusern, Kaufhäusern und Hotels baute man danach wieder auf. Die daran beteiligten Architekten und Ingenieure bezeichnet man als Schule von Chicago. Ihr gemeinsames Merkmal ist die Verwendung von Stahlskelettkonstruktionen. Sie forderten, den Entwurf eines Gebäudes nicht mehr von außen nach innen vorzunehmen, sondern umgekehrt, denn sie lehnten es ab, nach einem überkommenen Muster eine Fassade zu entwerfen,

William Le Baron Jenney: Leiter Building in Chicago (1889)

ohne sich zunächst um die Zweckbestimmung des Gebäudes zu kümmern. LOUIS HENRY SULLIVAN, der bedeutendste Architekt der Schule von Chicago, forderte, zuerst die Zweckbestimmungen, die Funktion eines Gebäudes zu untersuchen, um dann daraus dessen Gestalt zu entwickeln. Nach seiner These hat also die Form der Funktion zu folgen, Zweckbestimmung und Aussehen hat eine Einheit darzustellen – ein Prinzip, das für weite Bereiche der Architektur bis heute gültig geblieben ist.

Plastik

Gegen Ende des 18. und am Anfang des 19. Jahrhunderts machte die Neubesinnung auf die antike Klassik eine Studienreise nach Italien zum Bestandteil einer guten Erziehung. Skizzenbücher wurden mit Darstellungen klassischer Skulpturen gefüllt; Gipsabgüsse fanden ihren Weg in alle Teile Europas.

Bertel Thorvaldsen: Ganymed mit dem Adler (1817)

Klassizistische Bildhauer versuchten in ihren Arbeiten, den durch diese Beispiele vermittelten Harmonievorstellungen der Antike, etwa bei den Proportionen, nahezukommen. Bezüge auf die klassischen Vorbilder wurden auch durch die Nacktheit bei der Darstellung menschlicher Körper deutlich. Bekleidete Figuren erschienen fast ausschließlich in antiken Gewändern. Dem Zeitgeschmack entsprechend strebte man eine möglichst große Naturnähe in der Darstellung auch von Einzelheiten an. Dramatische Posen und bewegte Handlungen, wie im Barock, wurden zumeist vermieden und durch ruhige, elegante und „idealschöne" Körperhaltungen ersetzt. Häufig zielte die Gestaltung einer klassizistischen Plastik auf eine Wirkung bei der Ansicht von vorn, als sei sie für eine Nische gedacht.
Der ästhetische Genuß, den diese Skulpturen durch ausgewogene Proportionierung, gefällige Oberflächenbearbeitung und harmonische Bewegungen vermittelten, stand jedoch nur scheinbar im Vordergrund. Viele klassizistische Plastiken bezogen sich auf Themen der antiken Mythologie oder verwendeten Allegorien, um abstrakte Vorstellungen auszudrücken. Der Wert derartiger Darstellungen liegt also auch in der Art und Weise, wie ein inhaltlich-literarisches Programm in Skulptur übersetzt wird. So mußte das Publikum mehr mitbringen als nur ein Gefallen an der schönen Form. Man brauchte Kenntnisse der mythologischen Zusammenhänge, eine klassische Bildung, um sol-

Antonio Canova: Paolina Borghese-Bonaparte als ruhende Venus (1805–07)

che Figuren und Figurengruppen zu verstehen: BERTEL THORVALDSENS GANYMED hält eine Schale in der Hand, aus der ein offenbar zahmer Adler frißt. In der Sage entführt der in wilder Leidenschaft entbrannte Zeus (in der Gestalt eines Adlers) den jungen Ganymed. In Thorvaldsens Gestaltung erscheint die animalische, unbeherrschte Triebhaftigkeit gebändigt durch die vollkommene Schönheit.
Weniger ideal, menschlicher und der Realität näher ist JOHANN GOTTFRIED SCHADOWS Gruppe der KRONPRINZESSIN LUISE VON PREUSSEN UND IHRE SCHWESTER FRIEDERIKE. Als Schwestern gehören sie zusammen, das wird durch ihre sich gegenseitig stützende Haltung deutlich. Dennoch ist jede mit sich selbst beschäftigt, mit einem eigenen Lebensweg vor sich. Der oben erwähnte Bildungsanspruch wird hier nicht erhoben. Klassizistisch sind die antikisierenden Gewänder sowie die leicht idealisierten, eleganten Schwünge des Faltenwurfs und der Körperhaltungen.
In der Nachfolge, aber auch neben der klassizistischen Bildhauerei findet sich eine Fülle von Gestaltungen, bei denen es mehr um die Nachahmung

Adolf von Hildebrand: Europa auf dem Stier; Detail des Wittelsbacher Brunnens in München (1890–95)

der antiken Formensprache als um deren Sinngehalt geht. Hier ersetzen kunstvolle Posen den inneren Ausdruck.

Bei öffentlichen Denkmälern findet man nicht selten barocke Züge in den heroisierenden Darstellungen historischer und lebender Fürsten sowie militärischer, politischer und geistiger Größen einer Nation. In Frankreich gestaltete FRANÇOIS RUDE ein historisches Ereignis in der bewegten Dynamik einer barocken Komposition (DER AUFBRUCH DER FREIWILLIGEN, am ARC DE TRIOMPHE, Paris, 1836). In der zweiten Hälfte des 19. Jahrhunderts entstanden neben solchen offiziellen monumentalen Plastiken auch Skulpturen kleineren Formats, die Maler wie HONORÉ DAUMIER und EDGAR DEGAS aus eigenem Interesse und ohne Auftraggeber schufen.

Vor allem aber ist AUGUSTE RODIN, ein Zeitgenosse der impressionistischen Maler, hervorzuheben. Obwohl seine Arbeiten außerhalb jeder Richtung stehen, lassen bestimmte Elemente wie das Momenthafte in der Gestik seiner Figuren, die Einbeziehung von Licht- und Schattenwirkungen sowie die auflösende, manchmal vergröbernde Behandlungsweise der Oberfläche Vergleiche mit der impressionistischen Malerei zu. Teile seiner Skulpturen beließ er zuweilen im Rohzustand, um das Werden einer Figur anschaulich zu machen, oder um die Vorstellung des Betrachters anzuregen.

In Deutschland wendete sich vor allem ADOLF VON HILDEBRAND gegen die Flut der neubarocken Denkmäler und versuchte aus einem neuen Verständnis klassizistischer Vorstellun-

Johann Gottfried Schadow: Kronprinzessin Luise von Preußen und ihre Schwester Friederike (1795–97)

Auguste Rodin: Der Kuß (1886)

gen ruhigere, feste Formen mit einfachen und klaren Umrißlinien zu entwickeln. Entgegen der barocken Auffassung, daß eine Skulptur für sich allein und nach allen Seiten gleich wirken müsse, wollte er die Einbeziehung in den Umraum. Seinen WITTELSBACHER BRUNNEN in München ordnete er daher ein in die städtebauliche Gestaltung und komponierte ihn auf eine bevorzugte Ansicht hin vor einem landschaftlichen Hintergrund, um die räumliche Umgebung des ihn umgebenden Platzes zu betonen. Hildebrand wie Rodin wurden zu wesentlichen Anstoßgebern für die Bildhauer des beginnenden 20. Jahrhunderts.

Malerei

Klassizismus (ca. 1750–1840)

Der Maler und Kunstschriftsteller RAPHAEL MENGS machte den programmatischen Anfang. Angeregt durch seinen Freund Johann Joachim Winckelmann sorgte er für theoretische Grundlagen und eine erste praktische Umsetzung: das Deckengemälde PARNASS (1761) in der Villa Albani in Rom. Seine Gestaltungsprinzipien beruhen wesentlich auf einer scharfen deutlichen Linienführung und einer dementsprechenden klaren Farbgebung.
Diese Malerei erfuhr vor und nach der Französischen Revolution eine Weiterentwicklung durch JACQUES LOUIS DAVID. Seine Bilder entsprachen auch in der Wahl der Motive den ethischen Forderungen der neuen französischen Republik am besten. In SCHWUR DER HORATIER wurden Qualitäten wie Einfachheit und Strenge als Ideal römischer Bürgertugend in einer heroischen Inszenierung realisiert. Im ganzen Aufbau lenkt keine überflüssige Deko-

Jacques Louis David: Schwur der Horatier (1784)

Johann Heinrich Wilhelm Tischbein: Goethe in der Campagna (1786/87)

ration von den Figurengruppen ab. Vor einem kargen bühnenartigen Hintergrund, gegliedert nur von Arkaden eines dorischen Säulengangs, stehen Figuren, die wie Denkmäler wirken. Das Bild ist klar gegliedert, seine Komposition leicht überschaubar. Jedem Bogen des Hintergrunds entspricht eine Figur oder Figurengruppe des Vordergrunds. Nichts lenkt ab von dem dargestellten Konflikt zwischen bürgerlicher Pflicht und privatem Gefühl. Antikisierende Gewänder und Waffen, die äußerst naturnahe Darstellungsweise und der Verzicht auf jeden dekorativen Schnörkel kennzeichnen in diesem Bild in besonderer Weise die klassizistische Malerei.
In Deutschland wurden andere Schwerpunkte gesetzt. Hier wurde die Malerei geprägt vom Einfluß Winckelmanns. Er deutete das Wesen der griechischen Kunst als „edle Einfalt und stille Größe". In seiner Schrift „Gedanken über die Nachahmung der griechischen Werke in der Malerei und Bildhauerkunst" (1756) forderte er die Orientierung an der antiken griechischen Welt. Johann Heinrich Wilhelm Tischbeins Bild von Goethe in der Campagna kann als ein Beispiel dafür gelten, wie das klassische Ideal in diesem Sinne verwirklicht wurde.

Romantik (ca. 1800–1830)

Der Begriff „Romantik" war zunächst weniger ein Stilbegriff als vielmehr eine Bezeichnung für eine seit etwa 1800 verstärkt einsetzende übergreifende Bewegung der europäischen Geistesgeschichte. Sie wurde in der Philosophie und Dichtung des vorhergehenden Jahrhunderts vorbereitet. Ihre verschiedenen Strömungen wurden nicht zusammengehalten durch ein gemeinsames konstruktives Programm, sondern durch die gemeinsame Ablehnung des Klassizismus.
Als Gegenreaktion auf die verstandesbetonte Aufklärung wendete sich die Romantik besonders der Religion, dem Emotionalen und der Vergangenheit (vor allem dem Mittelalter) zu. Ihr Charakter äußerte sich im Individuellen und im Seelischen. Vielleicht versuchte der in den Anfängen der Massenge-

**Philipp Otto Runge:
Der Morgen (1. Fassung, 1808)**

sellschaft sich zurückgesetzt fühlende Künstler, durch die Hervorkehrung seiner Gefühle und Stimmungen seine Eigenheit zu betonen. Jedenfalls wurden Innigkeit und Expression zu künstlerischen Werten, man suchte seelische Erschütterungen und bemühte sich, mit Mitteln der Kunst Einfluß auf das Gefühlsleben zu nehmen.

In Deutschland errang die romantische Malerei eine besonders bedeutende Stellung. Unter der Vorherrschaft Napoleons empfand man den eigenen Mangel an politischem Einfluß als schmerzlich. Niemand fühlte sich mehr sicher im eigenen Land, das Gefühl der Heimatlosigkeit wurde prägend für eine neue Generation. So stellte die Romantik in der nachrevolutionären Epoche auch eine Art Flucht aus der Wirklichkeit dar. In der Form von Utopien, Märchen oder anderen sublimierten Formen desselben Gefühls konnte der romantische Künstler seine Sehnsucht nach einem besseren Dasein ausdrücken. Es entwickelte sich ein Bemühen um ein neues Erleben der Natur, woraus sich eine hervorgehobene Stellung des Landschaftsbildes ergab. Die von den Romantikern bevorzugte Landschaftsdarstellung löste sich allerdings von der bisher dominierenden antikischen Ideallandschaft und entdeckte den Wert der eigenen Heimat neu.

Dabei blieb es nicht bei einer bloßen Wiedergabe. PHILIPP OTTO RUNGE, der als eigentlicher Begründer der deutschen Romantik gilt, wirkte nicht nur durch seine Bilder, sondern vor allem durch seine in Briefen festgehaltenen theoretischen Erkenntnisse auf die Maler seiner Zeit. Er versuchte, die deutsche Malerei vom dominierenden Einfluß des akademischen Klassizismus zu

befreien und seine intensive Beschäftigung mit den bedeutendsten Dichtern und Philosophen dieser Zeit in seine Malerei einfließen zu lassen. Durch neue Prinzipien bei der Darstellung der Landschaft wollte Runge die innerhalb und außerhalb der menschlichen Seele liegende Welt verbinden, auch im Sinne der Wiedererweckung einer ursprünglichen Naivität. Daher findet sich das Motiv des Kindes in vielen seiner Werke. Der Höhepunkt dieser Versuche liegt in den Entwürfen zu den VIER TAGESZEITEN: sie sind auch als Gleichnis für die Rolle des Menschen im unbegrenzten kosmischen Raum zu sehen. DER MORGEN ist streng symmetrisch aufgebaut, dabei ordnet sich die formale Gestaltung dem symbolischen Gehalt unter: Das Bild ist als Metapher für die Erschaffung des Menschen gedacht. Mit Runge knüpft die Malerei der Romantik ein letztes Mal an die barocke Allegorie an. Die symbolische Bedeutung seiner Figuren und Pflanzen in DER MORGEN ist offensichtlich.
CASPAR DAVID FRIEDRICH, FERDINAND OLIVIER, KARL BLECHEN vermieden es, ihre Ideen in Kompositionen allegorischer Bildelemente so offen darzustellen. Ihre Bilder stellen auf den ersten Blick Landschaften dar, wie sie das Auge des Malers gesehen haben könnte. Erst bei näherer Beschäftigung mit ihrer Kunst erschließt sich die symbolische Ausdeutung, der das Bildmotiv unterzogen wurde. Häufig existiert es in der Natur nicht so, wie es gemalt worden ist. Der Künstler hat es seinen Absichten entsprechend aus einzelnen Bestandteilen inszeniert. Ein besonderes Beispiel dafür ist Caspar David Friedrich. Bei ihm wurde das Landschaftsmotiv zu einem Ausdrucksträger für religiöse, aber auch nationale Haltungen. In den scheinbar so natürlich wirkenden Bildern sind Allegorien und Vorstellungen versteckt, die Friedrichs christliches Weltbild illustrieren. In einer eigenen Bildersprache verknüpfte er einzelne Formen der Landschaft mit einer Bedeutung und konnte so mit Hilfe der dargestellten Naturformen und Personen sowie auch der atmosphärischen Stimmung eine bestimmte Vorstellung, einen Gedanken ausdrücken. In seinem Bild ABTEI IM EICHWALD tragen Mönche

Caspar David Friedrich: Abtei im Eichwald (1810)

Julius Schnorr von Carolsfeld: Madonna (1820)

einen Sarg vorbei an einem frisch ausgehobenen Grab im trüben Vordergrund. Ihr Zug führt durch ein Portal, in dem Christus am Kreuz zu sehen ist, in die zunehmend hellere Tiefe des Bildraums. Das Portal steht hier als Sinnbild für den Übergang ins Jenseits. Nicht das diesseitige Grab in einer düsteren irdischen Umgebung ist die Bestimmung der menschlichen Existenz: Christus eröffnet mit dem Eingang durch seine Tür den Weg zum Licht des ewigen Lebens, so ließe sich Friedrichs Bildsprache in diesem Beispiel deuten.

Die Konzentration auf religiöse Inhalte war noch stärker ausgeprägt bei den Malern des Lukasbundes, dessen Mitglieder sich in einem strengen Lebenswandel nach dem Vorbild des malenden Dominikanermönchs FRA ANGELICO (um 1401/02–55) verpflichteten. FRIEDRICH OVERBECK, FRANZ PFORR, JULIUS SCHNORR VON CAROLSFELD und andere sind als Gruppe heute besser bekannt unter ihrem damaligen Spottnamen die **Nazarener** (nach JESUS VON NAZARETH). Sie gründeten ihren Bund ursprünglich aus Protest gegen die in Kompositionsformeln erstarrte klassizistische Kunstlehre an den Akademien. In Rom bezogen sie 1810 ein ehemaliges Kloster, lebten in Mönchszellen und benutzten das Refektorium als gemeinsames Atelier. Dort versuchten sie, die Malkunst aus der Rückbesinnung auf Raffael und Dürer sowie im Dienst an der christlichen Religion zu erneuern. Dementsprechend befaßten sie sich fast ausschließlich mit religiösen Themen. Bei der Ausführung legten sie ihren Schwerpunkt auf die Linie als besonders hervortretendes formales Element: Die Zeichnung bedeutete ihnen mehr als die Farbe.

Um die Mitte des 19. Jahrhunderts fand diese Form der Romantik eine Fortsetzung in der Malerei der **Präraffaeliten** in England. WILLIAM HOLMAN HUNT, JOHN EVERETT MILLAIS standen ebenfalls in Opposition zur traditionellen Ausbildung an der (Londoner) Akademie und sahen in der italienischen Malerei vor Raffael ihr Vorbild. Ihre Vereinigung PRE-RAPHAELITE BROTHERHOOD (gegründet 1848) erinnert an die Nazarener sowohl durch die oft religiösen Themen als auch stilistische Elemente wie die klaren Linien und die kräftige Farbigkeit, deren Wirkung sie durch das Malen auf weißem Kreidegrund noch erhöhten. Das Besondere ihrer Arbeiten ist die extrem naturalistische Malweise und die genaue psychologische Charakterisierung der dargestellten Personen.

Die französischen Maler dagegen drängte es nicht nach poetischer Verklärung zum Beispiel des Mittelalters oder nach gemütvollem Versenken in die Natur,

Theodore Géricault: Das Floß der Medusa (1818/19)

wie das besonders bei den deutschen Romantikern zu beobachten ist. Sie entwickelten barocke Ausdrucksmittel weiter und stellten fast ausschließlich die Historienmalerei in den Mittelpunkt. Dabei bevorzugten die Hauptmeister THEODORE GÉRICAULT und EUGÈNE DELACROIX ungewöhnliche, oft exotische Themen. Sie verkündeten aber auch revolutionäre Ideen mit politischem Pathos in einer neuen malerischen Pracht. Motive aus dem griechischen Freiheitskampf, den Kriegen Napoleons oder dem aktuellen Tagesgeschehen zeigen ebenfalls, daß die Vorstellungen der französischen Maler auf einem ganz anderen Romantikbegriff beruhten als dem, der für die deutschen und englischen Künstler galt. DAS FLOSS DER MEDUSA von Géricault

Eugène Delacroix: Die Freiheit führt das Volk an (1830)

Francisco José de Goya: Paß auf, der Buhmann kommt. Blatt aus dem Zyklus „Los Caprichos" (1793–98)

und DIE FREIHEIT FÜHRT DAS VOLK AN von Delacroix gründen auf diesen Vorstellungen und gehören zu den berühmtesten Werken der französischen Malerei des 19. Jahrhunderts. In Spanien ragte der große Maler GOYA tief in die Romantik hinein. Dabei stellte er selbst eine Ausnahmeerscheinung dar. Nach künstlerischen Anfängen noch im galanten Stil des späten Rokoko wendete er sich später den Mißständen seiner Zeit zu sowie der Dummheit und Torheit seiner Zeitgenossen, welche er in seinen Bildern zum Teil in karikaturistischer Überzeichnung und mit bitterem Humor anprangerte. Romantisch ist seine Malerei nur zum Teil zu bezeichnen, und auch dann nur, wenn man den Wortsinn etwas erweitert und damit vor allem das Abgründige und Phantastische meint.

Biedermeier (ca. 1815–1848)

Die romantische Bewegung in Deutschland wurde zuletzt nicht mehr von den anfänglichen Ideen im Zusammenhang mit der Unendlichkeit der Natur und der Freiheit des Individuums getragen. Ihre Ideale verflachten.
Von den großen Gefühlen und der nationalen Begeisterung blieb schließlich nur noch eine auf Behaglichkeit gerichtete Idylle. Aus dem Romantiker wurde der „Biedermeier", welcher der Richtung seinen Namen gegeben hat: ursprünglich ein Pseudonym, unter dem parodistische Gedichte (um 1866) in den MÜNCHENER FLIEGENDEN BLÄTTERN veröffentlicht wurden. Der Biedermeier war harmlos, treuherzig, spießbürgerlich, naiv und auf seinen eigenen kleinen, privaten Kreis beschränkt. Später wurde der Begriff auf die Biedermeierzeit übertragen. Sie ist gekennzeichnet durch eine kleinbürgerlich-enge Geisteshaltung, aber auch durch Intimität, Behaglichkeit, maßvolle Selbstbescheidung und die Hinwendung zu einem festgefügten bürgerlichen Wertsystem. So wurde der Begriff auch zunächst nur auf die dieser Zeit entsprechende gediegene, aber schlichte Wohnkultur angewendet.
Für die Malerei des Biedermeier stehen die Porträts und Landschaften von FRANZ KRÜGER und FERDINAND GEORG WALDMÜLLER. Als Illustrator ist LUDWIG RICHTER bekannt geworden. Besonders typisch sind jedoch die humoristisch gefärbten Genreszenen von CARL SPITZWEG. Seine Motive zeigen eine kleine Welt, deren manchmal durchaus problembezogener Inhalt

Carl Spitzweg:
Der arme Poet (1839)

verharmlosend und tatsächliche Umstände verniedlichend dargestellt ist. In seinem Bild DER ARME POET zeigt er einen offensichtlich mittellosen Dichter, der ohne Heizung und Nahrung, möglicherweise auch noch krank (denn er liegt im Bett) in einer Kammer unter einem undichten Dach so dargestellt wird, daß der Betrachter ihn mitleidlos belächeln kann.

Realismus (ca. 1833–1866)

Der Begriff „Realismus" ist abgeleitet vom lateinisch-französischen „real" (tatsächlich vorhanden) und steht im Gegensatz zu „ideal". In der Kunstgeschichte wird die Bezeichnung „realistisch" häufig in nicht ganz klaren Bedeutungen verwendet. Sie kennzeichnet wiederholt auftretende Erscheinungen in fast allen Epochen, die im Gegensatz zu stilisierenden oder idealisierenden Tendenzen stärker wirklichkeitsbezogen sind (wie zum Beispiel die römische Porträtplastik).
Nach der Definition des Kunsthistorikers GEORG SCHMIDT setzt sich der Realismus kreativ mit der Wirklichkeit auseinander, wobei die Wahl des Motivs, das die gemeinte Wirklichkeit illustrieren soll, von besonderer Bedeutung ist, weniger die Art seiner Darstellung (innere Wahrheit). Als Gegensatz dazu sieht Georg Schmidt den Naturalismus, der vor allem eine detailgetreue Wiedergabe der äußeren Erscheinung des Motivs anstrebt (äußere Wahrheit), ohne daß dieses Motiv der tatsächlichen, den Maler umgebenden Wirklichkeit entsprechen muß.
Als Bezeichnung für eine kunstgeschichtliche Richtung der Malerei nahm der französische Maler GUSTAVE COURBET den Begriff für sich in Anspruch (1855). Über den Eingang eines Raums, in dem er eine Art Gegenausstellung gegen die auf der Weltausstellung gezeigten Bilder veranstaltete, schrieb er „Le realisme". Sein Leitsatz „Das Schöne ist das Wahre" wendete sich gegen

Gustave Courbet: Die Kornsieberinnen (1853)

eine vom Großbürgertum begünstigte Malerei, die er für nichts weiter als angenehmen Wandschmuck hielt. Courbet schilderte das Leben des Volkes, verachtete bürgerliche Ideale und sah sich als Demokrat und Revolutionär. In seinen realistischen Bildern – die allerdings nicht sein ganzes Werk bestimmen – stellte er Szenen dar, die typisch sind für den überwiegenden Anteil der Gesellschaft im 19. Jahrhundert: den Alltag der Arbeiter und Bauern. Sie zeigen wie DIE KORNSIEBERINNEN die „innere Wahrheit“ des täglichen Lebens dieser Leute und richten sich nicht mehr nach klassisch-romantischen Schönheitsidealen.
Die Ablehnung dieser Art realistischer Kunst durch das zumeist großbürgerliche Publikum wurde bestimmt von der Vorstellung, daß Kunst das Leben zu verschönen und zu erheben habe. Man war nicht interessiert an Darstellungen von Szenen, die man aus der Banalität des Alltags ohnehin kannte. So lehnten die konservativen Kritiker des Realismus nicht den Grad der Wirklichkeitstreue dieser Malerei ab, sondern ihre Bildmotive. Sie deuteten die nicht als bildwürdig empfundene Darstellung von Arbeitern und Bauern als revolutionäre Tat, förderten und kauften solche Bilder nicht. Hier begannen jene Erscheinungen, in denen die Kunst sozusagen heimatlos wurde, ihre praktische Funktion verlor und die Künstler Bilder für sich selbst malten.

Impressionismus (ca. 1865–1885)

Der Titel IMPRESSION – SOLEIL LEVANT („Eindruck bei Sonnenaufgang“) eines Bildes von CLAUDE MONET gab dem Impressionismus seinen Namen. Ein Kritiker nahm in der Besprechung der Ausstellung einer jungen Malergruppe im Jahr 1874 diesen Begriff auf und bezeichnete die beteiligten Künstler als „Impressionisten“.
Das Bild Monets zeigt einen Hafen im Morgennebel. Es gibt besonders die atmosphärische Wirkung des Sonnenaufgangs wieder und verzichtet auf Detailtreue. Die schnell hingeworfenen Pinselstriche betonen die Flüchtigkeit des Augenblicks. Die Realisten hatten zum ersten Mal ihre alltägliche Um-

gebung zum Bildgegenstand gemacht. In ihrer Nachfolge taten dies auch die Impressionisten, jedoch mit einem anderen Schwerpunkt: Im Gegensatz zu Courbet waren sie desinteressiert an allen politischen oder sozialen Umständen. Ihr Interesse richtete sich auf die Oberfläche, die äußere Erscheinung dieser alltäglichen Umgebung. Insofern ist der Impressionismus eine naturalistische Richtung.

Camille Corot: Die Brücke von Narni (1826)

Eine weitere vorausgegangene Tendenz trug ebenfalls wesentlich zur Entwicklung der impressionistischen Malerbewegung bei: Die sogenannte SCHULE VON BARBIZON, eine Gruppe von Malern mit CAMILLE COROT, hatte vorwiegend in der freien Natur gemalt und die Beobachtung wirklichen Sonnenlichts künstlicher Lichtführung im Atelier vorgezogen. Das ist besonders Corots DIE BRÜCKE VON NARNI zu erkennen. Auch Monet setzte bei seinem Bild auf die eigene Anschauung. Wie man am Beispiel seiner FELDER IM FRÜHLING sehen kann, galt das Interesse der Impressionisten dem ständigen Wechsel im Einfluß von Licht und Atmosphäre auf Gegenstände und Landschaften. Wichtige Grundsätze der traditionellen Malkunst verloren an Bedeutung. Eine Vorzeichnung, die den Umriß des darzustellenden Motivs ex-

Claude Monet: Eindruck bei Sonnenaufgang (1872)

Paul Cézanne: Mont Sainte-Victoire (1904)

akt beschreibt, entfiel. Statt dessen wurden mit kleinen, kurzen, tupfenden Pinselstrichen Farben aufgetragen, die der Erscheinung des Gegenstandes im Augenblick des Malens entsprachen. Diese Malweise führte zur Auflösung scharfer Konturen. Die Bildfläche füllte sich mit Farbtupfern und Farbflekken. Raumtiefe wurde nicht mehr durch eine lineare Perspektive nach geometrischen Regeln erzeugt, sondern durch eine Abstufung der Farbtöne, entsprechend den Beobachtungen der Renaissance (Luftperspektive).
Eine Definition des Impressionismus kann sich nicht auf Absichtserklärungen oder ein Programm aus dem Kreis der Maler selbst stützen. Ihnen erschien die Formulierung von Theorien nicht wichtig. Dementsprechend unterscheiden sich die Bilder der einzelnen Künstler aus der impressionistischen Gruppe stark voneinander und weisen kaum Gemeinsames im Sinne schulmäßiger Stilmerkmale auf. Was sie im wesentlichen verband, beschrieb Claude Monet kurz vor seinem Tod: „Mein Verdienst war lediglich, daß ich direkt nach der Natur gemalt habe, indem ich danach strebte, meine Impression der flüchtigen Effekte wiederzugeben." Nach anderen Definitionen zeichneten sich die Impressionisten dadurch aus, daß ihnen ein Motivgegenstand als solcher wenig, seine momentane Erscheinung im Spiel der durch Licht und Luft erzeugten Farbtöne dagegen um so mehr bedeutete.

Henri de Toulouse-Lautrec: Sitzender weiblicher Clown (1896)

Es ging also um die Darstellung eines flüchtigen Moments, um die Verwendung reiner Farbe bei der ungetrübten Darstellung von Schatten- und Lichtreflexen in der Stimmung eines Sommernachmittags, beim Glänzen einer Wasseroberfläche, beim Wogen eines Morgennebels. Das Bemühen, einen flüchtigen Eindruck festzuhalten, erforderte rasches Arbeiten. Zwangsläufig veränderte sich damit auch die Maltechnik. Die altmeisterliche Schichtenmalerei mit ihrer Oberflächenglätte wich einem Malverfahren, bei dem die Farbe auf der Leinwand je nach der Anzahl von Strichen und Tupfen in einem bestimmten Bereich sich hier zu klumpigen Anhäufungen verdichtet, dort, flach aufgetragen, noch den Untergrund erkennen läßt und aus der Nähe wie eine Grundierung wirkt.
Mit dieser neuen Darstellungsweise, die nicht mehr auf eine Verfeinerung technischer Mittel aus war (etwa mit dem Ziel, den handwerklichen Vorgang völlig unkenntlich zu machen), verband sich eine Reihe von Vereinfachungen und Beschränkungen, die bei der näheren Betrachtung das Material Farbe und den handwerklichen Prozeß ihres Auftrags auf die Leinwand unübersehbar macht. Hier liegt ein entscheidender Wandel begründet, in dem die Anfänge aller modernen Kunst enthalten sind: Das Interesse des Malers verschob sich vom Gegenstand, der das Motiv bildet, auf die malerische Behandlung dieses Gegenstands.
Auch anhand einzelner Künstler, die dem impressionistischen Kreis angehörten, wird die Bedeutung des Impressionismus als Ursprung der modernen Kunst sichtbar: PAUL CÉZANNE bereitete mit seinen von der Geometrie abgeleiteten Grundfiguren den Boden für Picasso und den Kubismus. HENRI DE TOULOUSE-LAUTREC nahm mit den Bildgestaltungen, die auf einem Gegensatz von kleinteilig ornamentierten, naturnahen Teilen zu großflächigen, durch stilisierte, schwungvolle Linienführungen bestimmten anderen Teilen aufbauen, wesentliche Elemente des Jugendstils vorweg. PAUL GAUGUIN mit seiner gefühlsbetonten Anwendung der Farbe, die er ohne jede Naturnähe zur Steigerung der Ausdruckskraft einsetzte, wirkte besonders auf den deutschen Expressionismus. Dies gilt in gleicher Weise für VINCENT VAN GOGH,

Paul Gauguin: Arearea (1892)

Vincent van Gogh: Brücke von Arles (1888)

dessen Rolle für die spätere Überwindung des Impressionismus besonders bedeutend erscheint. Als er 1886 zum Malen nach Paris ging, wandte er sich zunächst der heiteren und lichten Malerei der Impressionisten zu. Nach seiner Übersiedlung in den Süden Frankreichs entwickelte er ab 1888 jedoch einen zunehmend eigenen und neuen Stil, in dem er mit strahlenden, zu höchster Ausdruckskraft gesteigerten Farben malte. Seine flammenden Kornfelder, züngelnden Zypressen, vibrierenden Gebäude, Wege und Himmel scheinen wilden Erregungsstößen zu entstammen, als hätte er seine innere Unrast auf der Leinwand festzuhalten versucht. Nicht nur seine heftigen Malgesten, auch manche seiner Motive lassen sich in Bildern späterer Fauves und Expressionisten wiederfinden.

Neoimpressionismus (ca. ab 1885–95)

Eine Weiterentwicklung des Impressionismus wurde auch von GEORGES SEURAT betrieben. Trotz ihres Namens Neoimpressionismus hatte diese Richtung jedoch nur wenig mit dem ursprünglichen Anliegen der Impressionisten gemein. Angelehnt an die Farbentechnik von Eugène Delacroix und gestützt auf wissenschaftliche optische Theorien (zum Beispiel auf die Farbenlehren von E. CHEVREUL und H. HELMHOLTZ) gab er die Erscheinung der sichtbaren Welt in reinen Farben wieder, die er in kleinsten Punkten dicht nebeneinandersetzte. In dieser Vorgehensweise besteht der Bezug zu den eigentlichen Impressionisten, deren Arbeitstechnik zuweilen ebenfalls eine punkt- oder kommaähnliche Pinselführung aufweist. Während aber zum Beispiel Monet die Technik des kurzen schnellen Tupfens verwendete, um eine atmosphärische Stimmung rasch einzufangen, gerät sie bei Seurat durch ihre Miniaturisierung zu einer aufwendigen, zeitraubenden und letztlich recht unlebendig erscheinenden Form der Malerei. Sie wird auch **Divisionismus**

Georges Seurat: Ein Sonntagnachmittag auf der Insel La Grande Jatte (1885)

oder **Pointillismus** genannt, weil der Aufbau aus einer Fülle winziger Punkte ihr hervorstechendstes Merkmal ist. Diese einzelnen Punkte reiner Farbe sollten sich, nach Seurats divisionistischer Theorie, erst auf der Netzhaut des Betrachters vermischen. Dadurch, so glaubte er, werde eine viel intensivere Leuchtkraft erreicht als durch eine Mischung der Pigmente schon auf der Palette des Malers. Seiner Richtung folgten, teilweise nur auf Zeit, auch PAUL SIGNAC und CAMILLE PISSARRO. Seurats Bedeutung für die weitere Entwicklung der modernen Kunst liegt jedoch weniger in seiner Erfindung der pointillistischen Arbeitstechnik als darin, daß er mit seinem strengen, geometrisierenden Bildaufbau die bis dahin dominierenden illusionistischen Bildwirkungen überwand.

Symbolismus (ca. 1880–1890)

Der Symbolismus war eine gesamteuropäische Erscheinung, die auch in der Literatur wirksam war. Von dorther stammt der Begriff, den ein französischer Schriftsteller erstmals 1886 für eine literarische Richtung verwendete. Die Anfänge des Symbolismus gehen bis in das 18. Jahrhundert zurück (Goya, Runge), während seine Auswirkungen bis weit in das 20. Jahrhundert hineinreichen. So wurden der nachfolgende Jugendstil und der Surrealismus von den Ideen des Symbolismus beeinflußt. Spuren finden sich auch im Expressionismus sowie in der gegenstandslosen Kunst (soweit diese psychologische Momente, eine Symbolik der Farben und Formen enthält). Seine größte Wirksamkeit entfaltete er jedoch zwischen 1880 und 1890.
Das Entstehen dieser Richtung ist als eine Gegenbewegung gegen den Geist der Aufklärung zu verstehen. Als sich im 19. Jahrhundert soziale und technische Veränderungen auf breiter Front durchsetzten, geschah dies vor dem Hintergrund eines raschen Anwachsens wissenschaftlicher Erkenntnisse und einer zunehmend positivistischen Weltsicht. Das heißt, auf die metaphysische

Arnold Böcklin: Toteninsel (1880)

Suche nach letzten Begründungen der Welt wurde mehr und mehr verzichtet. Statt dessen breiteten sich Anschauungen, Argumentationen und Standpunkte aus, die das rationale Fundament wissenschaftlicher Theorien allein in Tatsachen und streng empirischen Forschungsverfahren sehen. So rückte auch in der Kunst die sichtbare, empirisch erfaßbare Wirklichkeit in den Mittelpunkt des Interesses – wie etwa bei den Impressionisten und ihren Nachfolgern. Diese Anschauungsweise, welche phantastische, religiöse und mystische Ideenzusammenhänge weitgehend ignoriert, forderte die Gegenreaktion der Symbolisten heraus. Sie verlangten einen neuen geistigen Gehalt und eine „tiefere Bedeutung" der Kunst, deren Mangel sie den Impressionisten vorwarfen. So verstand sich der Symbolismus als Erneuerungsbewegung. Nationale Eigenheiten entwickelten sich dabei kaum. Allen symbolistischen Künstlern war gemeinsam, daß sie die zeichenhafte Bildsprache des Symbols zu ihrem zentralen Ausdrucksmittel machten.

So ist der Symbolismus die Bezeichnung für eine geistige Bewegung, die sich in der Malerei gegen die Tendenzen des Realismus, Naturalismus und Impressionismus richtete. Sie lehnte ein vernunftbestimmtes Vorgehen in der Kunst ab und stellte den Wert allgemeingültiger Grundsätze in Frage. Daher bildeten die symbolistischen Maler stilistisch kaum eine Einheit. Was sie verband, läßt sich mehr vom Inhalt her definieren. Nicht nur ARNOLD BÖCKLIN, MAX KLINGER, FRANZ VON STUCK versuchten, eine Kunst der Ideen, der Phantasie und des Traums zu entwickeln, die sich einer rationalen Festlegung entzieht. Wie ihre französischen Kollegen GUSTAVE MOREAU, ODILON REDON, PIERRE PUVIS DE CHAVANNES bevorzugten sie nächtliche Szenen, Visionen und Beschwörungen, Tod und Erotik in unmittelbarer Gegenüberstellung, Traumbilder, kosmische Landschaftsdarstellungen und andere irrationale Themen. In Belgien sind damit vor allem JAMES ENSOR und FERNAND KHNOPFF bekanntgeworden.

Die Jahrhundertwende – Jugendstil (1890–1914)

Der deutsche Begriff „Jugendstil“ leitet sich ab vom Namen der Münchener Kunstzeitschrift „Jugend“. Beim Jugendstil (der in Frankreich Art Nouveau, in Großbritannien New Style oder Modern Style, in Österreich Sezession hieß) handelt es sich um eine internationale Erneuerungsbewegung zur Überwindung der in der zweiten Hälfte des 19. Jahrhunderts vorherrschenden Strömungen des Historismus. Gestützt auf die Ideen von WILLIAM MORRIS und die englische Arts-and-crafts-Bewegung, wollte man vor allem den industriellen Massenproduktionen etwas entgegensetzen und die befürchtete Geschmacksverrohung bekämpfen. Das Ziel des Jugendstils war daher die Verbindung von Architektur, Kunsthandwerk und Kunst zu einem stilistisch einheitlichen, ästhetisch gestalteten Gesamtkunstwerk. Seine Künstler wollten dem Leben mehr Schönheit und Stil verleihen. So legte man Wert auf reizvolle Oberflächen, elegante Rahmen, auf die Dekoration von Flächen und das Ornament. Stilisierungen, das heißt von der Natur abgeleitete, aber in besonders elegante, schwungvolle Formen gebrachte Linienführungen, wurden zu einem wesentlichen Stilmittel. Ungegliederte, durch großzügig geschwungene Konturen begrenzte Flächen traten in Kontrast zu kleinteilig ornamentierten und aufwendig geschmückten Teilen.

Ein neues Naturstudium war die Voraussetzung für diese stilprägenden Elemente des Jugendstils. Zur Ableitung neuer Schmuckteile und Zierformen begnügten sich manche Künstler nicht mit der genauen Beobachtung botanischer Vorbilder durch das Auge. Sie drangen zusätzlich mit dem Mikroskop in deren innere Strukturen ein und entwickelten daraus immer neue dekorative Varianten ihrer zum Teil große Flächen bedekkenden Ornamentik. Neben der Natur sind aber noch weitere Einflüsse in den Gestaltungen der Jugendstilkünstler erkennbar. So hinterläßt neben dem Spätimpressionismus auch die japanische Kunst ihre Spuren. Stilprägend ist weiterhin die besondere handwerkliche Sorgfalt, mit der gemeinhin gearbeitet wurde, und die Verwendung kostbarer Materialien. Demgegenüber blieben schließlich die ursprünglichen Gedanken von

William Morris: Buchillustration (1895)

William Morris und seine Forderungen nach künstlerischer Formgebung des Alltags für alle auf der Strecke. Tatsächlich waren die aufwendigen und daher teuren Erzeugnisse des Jugendstils nur wenigen zugänglich.
Entworfen häufig für einen einmaligen und besonderen Gesamtzusammenhang wie etwa eine Villa konnten die einzelnen Disziplinen (Architektur, Malerei, Plastik und Einrichtung) eine künstlerische Einheit nur durch eine jeweils ganz individuell geprägte Formgebung erreichen. Dieses individualistische Moment machte den Jugendstil zur Vorstufe der Moderne. Seine Selbstbeschränkung auf das vorwiegend Dekorative dagegen ließ ihn nicht über diese Vorstufe hinauswachsen und wies ihm seine Rolle zu als eine Übergangserscheinung zwischen dem Historismus und den neuen Entwicklungen im 20. Jahrhundert.

Baukunst

Schon aus Kostengründen begnügten sich die meisten Architekten des Jugendstils damit, weitgehend nach ökonomischen und zweckmäßigen Gesichtspunkten erstellte Baukörper äußerlich durch aufgesetzte Jugendstilornamentik zu dekorieren. Beispiele dafür sind zahlreiche Villen und Wohnhäuser, die um die Jahrhundertwende in vielen Städten Europas entstanden. Nur bei wenigen Bauten wurden die Ideen des Jugendstils konsequent verfolgt. Besonders weit ging ANTONIO GAUDÍ, der in seiner Art eher eine Einzelerscheinung darstellt. Seine Grundrisse, Fassaden und Dächer in Wohnhäusern und Parkanlagen sowie die nicht fertiggestellte Kirche SAGRADA FAMILIA in Barcelona sind nicht nur äußerlich dekoriert, sondern stützen sich auf eine neu erscheinende Statik und Dynamik.

Antonio Gaudí: Sagrada Familia in Barcelona (begonnen 1883)

In Österreich verwirklichten vor allem OTTO WAGNER und sein Schüler JOSEPH MARIA OLBRICH unter der Bezeichnung Sezessionsstil eine mehr von der Geometrie bestimmte Jugendstilarchitektur, deren klare und schlichte Gliederung in Linien und große Flächen kontrastiert wird von umgebenden Schmuckrahmen mit kostbaren Einzelornamenten. In Deutschland entwarfen Künstler der DARMSTÄDTER KÜNSTLERKOLONIE, zu der PETER BEHRENS und der nach Darmstadt berufene Olbrich gehörte, Häuser, die im Sinne der Jugendstil-

**Joseph Maria Olbrich:
Wiener Sezession (1897/98)**

idee durchdrungen waren von einer harmonischen Gestaltung. Garten, Fassade, Innenräume, Mobiliar und bisweilen sogar die Gebrauchsgegenstände des Alltags (wie zum Beispiel das Besteck) wurden gestalterisch aufeinander abgestimmt und sollten eine raumgreifende Einheit bilden. Das bedeutete ein Bemühen der Künstler und Architekten um ganz individuelle Entwürfe. Sie sollten, ob sie von Naturformen abgeleitet oder von geometrischen Ornamenten beeinflußt waren, eine eigene, vom Künstler allein festgelegte Linienführung besitzen. In diesen Vorstellungen sind die Anfänge des modernen Designs zu suchen, wie auch der Beruf des Designers sich aus den im Jugendstil begründeten Anfängen entwickelte. Daher wurden diese Künstler der Jahrhundertwende auch in einem großen Umfang im kunsthandwerklichen Bereich tätig, wie etwa in der Goldschmiedekunst, in der Glasbläserei

**Peter Behrens:
Wohnhaus
auf der Mathildenhöhe
in Darmstadt (1901)**

und der Keramik. Die Gestaltung von Möbeln nahm ebenfalls einen breiten Raum ein und wurde häufig aus einer Hand, zusammen mit der Architektur entworfen. Auch hier zeichnet sich ein später für sich stehendes Berufsbild ab: das des Innenarchitekten.
Auf anderen Gebieten wurden zweckdienliche Formen ebenfalls im Sinne der Bewegung gestaltet: Zum Beispiel gehören noch heute die im Jugendstil entstandenen Eingangspavillons in die Metro mit ihren kunstvollen Gittern und Schildern zum Straßenbild von Paris. Und in der Typographie werden noch immer Schrifttypen gern verwendet, die im Jugendstil besonders zahlreich entwickelt worden sind.

Plastik

Entsprechend dem schon erwähnten Bemühen des Jugendstils um eine Einheit aller Kunstgattungen mußte sich das einzelne Werk einem Gesamtzusammenhang unterordnen. So hatte die Gestaltung kunsthandwerklicher und das Wohn- und Lebensgefühl bestimmender Gegenstände Vorrang vor der zweckfreien Plastik. Dennoch versuchten einige Künstler, Gestaltungsprinzipien des Jugendstils auf ihre Skulpturen zu übertragen. Bei der SCHLEIERTÄNZERIN LOIE FULLER von RAOUL LARCHE sind äußere Formmittel wie die Betonung der Kurve, eine weiche, schwungvolle Modellierung oder die rhythmische Wiederholung gebündelter Linien mit der Nützlichkeit eines Gebrauchsgegenstandes (im Schleier der Statue sind Lampen versteckt) verbunden.
Der Brunnen mit fünf knienden Knaben von GEORGE BARON MINNE zeigt überschlank stilisierte, elegant geschwungene, sich regelmäßig wiederholende Jünglingsfiguren wie ein lebendes plastisches Ornament auf einer Kreisform. In ihrer Bewegtheit und organischen Lebendigkeit bilden sie einen Kontrast zur blockhaften Geometrie der schlichten Brunnenform. Insgesamt begnügte sich die Plastik des Jugendstils mit zumeist kleinformatigen Gestaltungen und berührte den eigentlichen Kern der Bewegung eher am Rande.

George Baron Minne: Brunnen mit fünf knienden Knaben (1906)

Malerei

Während die Impressionisten versuchten, flüchtige Momente festzuhalten und Augenblicke einzufangen, ging es den Malern im Jugendstil darum, etwas Ewiges zu schaffen, dauerhafte Werte zu gestalten. Dabei folgten sie im großen und ganzen dem allgemeinen Stilempfinden. Wie sonst sind auch hier starke Stilisierungen, Vereinfachungen der Form und rhythmische Wiederholungen zu beobachten. Ein wesentliches Stilmittel ist der Gegensatz zwischen großflächigen, von schwungvollen Konturen umrissenen Farbfeldern zu kleinteiligen, geometrisch oder ornamental ausgestalteten Bildpartien. Gelegentlich wurden äußerst naturnah angelegte Bildteile (zum Beispiel Porträts) oder großzügig stilisierte Körperumrisse kontrastiert mit abstrakt ornamentierten umgebenden Bildfeldern oder ungegenständlichen, sehr aufwendig dekorierten Hintergründen.

Aber wie in den anderen Gattungen der bildenden Kunst lassen sich auch in der Malerei regionale und persönliche Unterschiede erkennen. In Österreich gilt GUSTAV KLIMT als Hauptvertreter der 1897 gegründeten WIENER SEZESSION, deren Präsident er war. Seine Bilder sind oft leicht erkennbar am dichten Nebeneinander äußerst naturalistischer und abstrakter Bildteile. So stellte er die Gesichter und andere nackt hervortretende Körperteile seiner Figuren sehr lebensnah dar und modellierte auf nahezu klassizistisch anmutende Weise ihren Schwung. Dagegen füllte er den umgebenden Bildraum, oft auch die Kleidung der von ihm porträtierten Personen, mit einer mosaikhaften, teilweise mit Gold geschmückten reichen Flächendekoration, die bereits Ansätze einer völlig ungegenständlichen Malerei enthält.

In England gelten die Arbeiten von AUBREY BEARDSLEY als Höhepunkt einer Entwicklung, die durch William Morris und die Arts-and-Crafts-Bewegung eingeleitet worden war. Beardsley ließ sich anfangs durch japanische

Gustav Klimt: Der Kuß (1908)

Aubrey Beardsley: Zeichnung zu Oscar Wildes „Salome" (1894)

Holzschnitte und die Präraffaeliten anregen, arbeitete jedoch fast ausschließlich graphisch, wobei er Schwarz und Weiß bevorzugte. Die typischen Stilmittel kennzeichnen auch seine Bilder (vor allem Buchillustrationen). Große, leere Flächen umfing er mit elegant geschwungenen Konturen, die das Motiv stilisieren. Diese frei und offen wirkenden Bildräume konfrontierte er mit sehr detailliert ausgestalteten, dichtgefüllten und kleinteilig ornamentierten Kontraststücken, wobei er das graphische Schwarz und Weiß zur Verstärkung der Gegensätze in seinen Bildern einsetzte.

Noch eigenwilliger und unabhängiger von der Hauptrichtung des Jugendstils arbeiteten der Schweizer FERDINAND HODLER und der Norweger EDVARD MUNCH. Hodler gelang es, der Kontur, die als eigenständige Linie eine Landschaftsform oder eine Figur umschreibt, einen neuen Ausdruckswert zu verschaffen. Neben diesem prägnanten Fluß der Linie beruht die Eigenart seiner Bilder auf der dekorativ wirksamen Verteilung der Massen und dem Parallelismus sich wiederholender Formen.

Bei Munch sind vor allem seine dunkel leuchtenden Farbflächen zu nennen, die als intensiver Ausdruck persönlichen Erlebens zu verstehen sind. Dem entsprechen seine Bildthemen, in denen er in meist düster gestimmten Menschendarstellungen menschliche Grunderfahrungen wie das Wissen um den Tod, Krankheit und Weltangst verarbeitete. So baute Munch die Verbindung zur expressionistischen Malerei. Er gilt als Vorläufer besonders der deutschen Gruppe „Die Brücke".

20. Jahrhundert

Um die Jahrhundertwende hatte der Jugendstil die historisierenden Tendenzen des 19. Jahrhunderts überwunden und den Boden für ein neues Verständnis von Gestaltung und Schönheit bereitet. Danach wurde in einer relativen Kontinuität manche Entwicklung der vorhergehenden Epoche fortgesetzt. Aus Ideen des Impressionismus (bzw. einzelner Künstler, die diesem Kreis zuzurechnen sind) entwickelten sich der Kubismus und der Expressionismus. Der Beginn des neuen Jahrhunderts war von tiefen gesellschaftlichen und politischen Gegensätzen geprägt. Ein Weltkrieg wurde ausgetragen. Sozialisten glaubten an einen Zusammenbruch des Kapitals, das Bürgertum dagegen war zuversichtlich und überzeugt vom Funktionieren seines Systems. Während sich in der Sowjetunion nach marxistischer Lehre eine neue Gesellschaft entwickeln sollte, begann man auch im Westen nach 1929, dem Jahr des Börsenkrachs in Amerika, von der Krise des Kapitalismus und vom Versagen der freien Wirtschaft zu reden. Die dreißiger Jahre wurden überschattet von einer Radikalisierung politischer Einstellungen.
Wie in vielen anderen gesellschaftlichen Bereichen gingen auch in der Kunst die Anschauungen und Meinungen immer weiter auseinander. Tendenzen entwickelten sich, die in scharfen Gegensatz zueinander traten, wie etwa der Konstruktivismus, der Expressionismus, der Surrealismus. Mischformen und Kombinationen entstanden. Aber alle hatten eines gemeinsam: Von dem an die Natur gebundenen Sinneseindruck wendeten sie sich ab. Die nachimpressionistische Kunst verzichtete im wesentlichen auf jede Wirklichkeitsillusion. Bei all ihrer Verschiedenheit schaffte sie sich stets eine Art eigene Welt, die Darstellung einer über die Realität hinausgehenden Daseinsform.

Baukunst

Der Jugendstil war eine Übergangserscheinung. In ihm verschwanden die der Vergangenheit entlehnten Dekorationsformen des Historismus. Aber der Jugendstil enthielt auch den Keim für Zukünftiges. So wurde Peter Behrens, ein Mitglied der Darmstädter Künstlerkolonie, zum ersten Industriedesigner. Er war 1907 einer der Gründer des DEUTSCHEN WERKBUNDES, der die Absicht verfolgte, der Zeit entsprechende, funktionsgerechte Bauwerke und Geräte ohne historisierende Rücksichten mit modernem Material (Backstein, Beton, Glas, Stahl) und moderner Technik zu entwickeln.
Trotz dieser Anstöße erwies sich der Jugendstil, gemessen an den Bedürfnissen der inzwischen stark gewachsenen Industriegesellschaft, auf die Dauer als der Zukunft nicht gewachsen. Seine Ablehnung gegen den Jugendstil formulierte der Wiener Architekt ADOLF LOOS 1908 in einem Artikel, in dem er die Begriffe „Ornament“ und „Verbrechen“ nebeneinander stellte. Er

Peter Behrens: Halle des Verwaltungsgebäudes der Farbwerke Höchst (1920–24)

baute Wohnhäuser aus einfachen geometrischen Formen ohne alle schmückenden Zutaten.
Sein österreichischer Kollege Otto Wagner, der zunächst selbst in der Bauweise des Jugendstils gearbeitet hatte, verkündete das Programm moderner Architektur: „Die moderne Baukunst sucht Form und Motive aus Zweck, Konstruktion und Material herauszubilden. Sie muß, soll sie unser Empfinden klar zum Ausdruck bringen, auch möglichst einfach sein. Diese einfachen Formen sind sorgfältig untereinander abzuwägen, um schöne Verhältnisse zu erzielen, auf welchen beinahe allein die Wirkung von Werken unserer Baukunst beruht."
Wie Wagner folgten auch die holländische Stijl-Bewegung, der Deutsche Werkbund, das 1919 gegründete Weimarer Bauhaus und andere Gruppen dem berühmt gewordenen Postulat, das Louis Henry Sullivan schon 1896 für die Chicagoer Schule formuliert hatte: „Form follows function." Dieser Satz war das Programm des **Funktionalismus**. Sein Ziel war es, alle Bauteile auszuschalten, die nicht tragende Bestandteile der Konstruktion sind. Das konstruktive Gerüst wurde in seinem ästhetischen Wert ausdrück-

Walter Gropius: Faguswerk in Alfeld (1911–18)

lich zur Schau gestellt. Dabei setzten die Funktionalisten voraus, daß eine nur durch den Zweck bestimmte Formgebung ästhetischen Ansprüchen schon allein dadurch genügt, daß sie ihre Funktion optimal erfüllt: Was gut funktionierte, galt automatisch auch als schön.

Otto Wagner: Kassenhalle im Österreichischen Postsparkassenamt in Wien (1904–06)

Eine weitere Voraussetzung bildete die Annahme, daß die Faktoren, die die funktionale Architektur bestimmen, sich nicht ändern und nicht ihrerseits von irgendeiner ästhetischen Vorstellung bestimmt werden. Die ersten in diesem Sinne errichteten Bauten sind die TURBINENFABRIK DER AEG in Berlin (1909) von Peter Behrens und das FAGUSWERK in Alfeld von WALTER GROPIUS. Das Faguswerk entsprach den Bestrebungen der holländischen STIJL-GRUPPE. Ihr Vertreter THEO VAN DOESBURG betrachtete vor allem Linie, Fläche, Volumen, Raum, Zeit, Leere und Material als architektonische Elemente. Um die gleiche Zeit entdeckte der Maler PAUL KLEE ähnliche Elemente für das Bildgefüge der Malerei: Punkt, Gerade, Linie, Kreis usw. Alle Gattungen der Kunst stießen auf ähnliche gestalterische Grundprinzipien.

Das Bauhaus

Die in Weimar 1906 gegründete Kunstgewerbeschule gilt seit ihrer Reorganisation 1919 durch Walter Gropius als bedeutendste Kunstschule des 20. Jahrhunderts. In Anspielung auf die mittelalterlichen Bauhüttengemeinschaften wurde sie BAUHAUS genannt. Die oben genannten Grundprinzipien flossen hier ein in eine verbindliche Grundausbildung. Dieser „Vorkurs" von JOHANNES ITTEN über Form, Material und Farbe wurde von allen auszubildenden Künstlern und Handwerkern absolviert. Die Theorien Doesburgs aus der Stijl-Gruppe gingen ab 1921 in der Konzeption des Bauhauses auf, da Doesburg ebenso wie andere bedeutende Architekten und Künstler dort lehrte. Mit der Umsiedlung nach Dessau (1924) wurde das von Gropius entworfene neue Bauhausgebäude selbst zum programmatischen Ausdruck der Schule. Gropius' Idee war, mit baukonstruktiven Mitteln den Eindruck von schwebender Leichtigkeit der Baumasse hervorzurufen. Dafür wies er der Wand eine neue Rolle zu. Die eigentlichen, das Gebäude tragenden Stützen traten zurück. Die Wand aus Glas und Stahl erschien lediglich als

Walter Gropius: Bauhaus in Dessau (1925/26)

äußere Haut und hatte nur noch die Funktion, Regen, Kälte und Lärm abzuhalten. Besonders an den Ecken, wo nur durch dünne Stahlstäbe getrennt Glas auf Glas trifft, wurde die nicht tragende Funktion der Wand demonstriert. Trotz seiner kubischen, geometrischen Form erhielt der Baukörper dadurch eine lichtdurchflutete Leichtigkeit. Unter dem letzten Leiter Mies van der Rohe wurde das Bauhaus 1933 durch die Nationalsozialisten geschlossen. Die Ideen dieser Schule verbreiteten sich aber durch die Emigration der meisten Bauhauslehrer in viele andere Länder bis in die Vereinigten Staaten.

Internationaler Stil

Bis zum 19. Jahrhundert war die Entwicklung der abendländischen Baukunst weitgehend eine innereuropäische Angelegenheit. Jedoch begann nach 1870 durch die Schule von Chicago eine neue Entwicklung in den Vereinigten Staaten. Weiterentwickelt durch Walter Gropius und die Ideen anderer Bauhauslehrer, führte diese Entwicklung zu einer modernen Bauweise, dem „internationalen Stil", den man heute auch „Weltarchitektur" nennen kann. Der internationale Stil zeichnet sich aus durch klare kubische Blöcke, Skelettbau, Asymmetrie in Grund- und Aufriß, das Fehlen sichtbarer Träger an den Bauecken, breite Fensterbänder, vorgehängte Fassaden zum Beispiel aus Glas („Curtain wall") und den Verzicht auf Ornament und Profil.

Ludwig Mies van der Rohe: Apartmenthäuser in Chicago (1949–51)

Die Arbeit der Architekten und ihre Bauideen waren nicht mehr regional beschränkt. Zwischen Ländern und Erdteilen fand ein umfassender Aus-

Frank Lloyd Wright: Haus über dem Wasserfall in Bear Run, USA (1936/37)

tausch statt. So war die moderne Architektur nach dem Bauhaus eher durch die Bedeutung herausragender Persönlichkeiten gekennzeichnet als durch Bewegungen oder Schulen im bisherigen Sinn. Nach dem Zweiten Weltkrieg wurden viele dieser bedeutenden Architekten international bekannt: FRANK LLOYD WRIGHT (Amerikaner), LUDWIG MIES VAN DER ROHE (Deutscher), ALVAR AALTO (Finne), LE CORBUSIER (Schweizer), OSCAR NIEMEYER (Brasilianer), KENZO TANGE (Japaner). Ihre Bauten sind heute in zahlreichen Ländern zu finden.

Den senkrechten Tendenzen des allgemeinen Hochhausbaus kurz nach der Jahrhundertwende setzte Wright die waagerechten Linien seiner Einfamilienhäuser entgegen. Seine Bauten sind besonders durch ihre Einordnung in die natürliche Umgebung gekennzeichnet. Die sogenannten Präriehäuser sollten sich nicht gegenüber dem Äußeren nach innen abschließen, sondern sich mit ihrem Umraum verbinden. Auf eine Abtrennung der einzelnen Räume voneinander verzichtete Wright, weite Öffnungen verbanden die Räume, natürliche Baustoffe (Bruchstein) blieben innen ohne Verputz und damit sichtbar. Der „offene Grundriß" führte zu einem in das Gelände ausgreifenden Gebilde. Architektur und Natur gingen ineinander über. Wright selbst forderte, beim Bau den besten Teil des Geländes unbebaut zu lassen, keine Ornamente anzubringen, die nicht aus der Natur des Materials selbst erwachsen, Zimmer nicht als Schachteln aufzufassen und Trennwände auf ein Minimum zu reduzieren, so daß Licht, Luft und freie Sicht den Baukörper durchdringen können. Für die Verbindung eines Bauwerks mit seinem Umraum zu einer Gestaltungseinheit prägte er den Begriff der „organischen Architektur".

Le Corbusier stützte sich auf die Formelemente des Bauhauses und verband seine Arbeit mit sozialem Engagement. Er versuchte, seine Aufgaben aus der Sicht und aus den Anforderungen der Menschen, die in seinen Gebäuden wohnen sollten, zu analysieren und zu lösen. Die Bedürfnisse des Menschen waren für ihn die Richtschnur jeder architektonischen Bemühung.

Neben den besonderen einzelnen Leistungen herausragender Architekten behaupten sich die Ideen des Funktionalismus bis in die jüngste Zeit. Intellektuelle Funktionalisten wie Gropius, Mies van der Rohe und Le Corbusier

Le Corbusier:
Wohnblock in Berlin (1957)

versuchten, aus schlichten Formen einen Stil zu entwickeln. Beim Entwurf ihrer Bauten verwendeten sie im wesentlichen Grundfiguren wie Würfel, Kegel, Kugel, Zylinder oder Pyramide und Kombinationen davon. Eine ausgewogene und harmonische Formgebung, in der sich alle Teile aufeinander beziehen, war ihnen dabei wesentliches Ziel.
Als es aber im Gewerbe- und im Wohnungsbau rasch viel nachzuholen galt – besonders nach dem Zweiten Weltkrieg –, wurde der Funktionalismus von Geschäftsleuten und Ingenieuren umgemünzt in eine billige, rein zweckmäßig-praktische Architektur. Sie verwendeten die These, nach der eine zweckmäßig konstruierte Funktion automatisch eine schöne Form hervorbringt, zum Argument, Gestaltungsfragen für überflüssig zu erklären – eine Tendenz, die mit Einheitsbauten bis weit in die siebziger Jahre hinein wirkte.

Postmoderne

In St. Louis im US-Bundesstaat Missouri wurde schon im Jahre 1972 eine solche brutal nüchtern wirkende Hochhaussiedlung wieder gesprengt. Die Siedlung war gebaut worden nach den Möglichkeiten der ökonomischen, rationellen, industriellen Fertigung als Stahlbetonskelett, das das konstruktive Gerüst bildete, mit vorgehängten kahlen Wänden (Curtain wall), es war also Beispiel für ein Massenwohnquartier im internationalen Stil der Bauhausnachfolge. Für den britischen Architekturkritiker CHARLES JENCKS ist dieses Datum der Beginn der Postmoderne (lat. „post" = nach, also „nach der Moderne", wobei „Moderne" allgemein für alle Erscheinungen des internationalen Stils steht). Es hatte sich herausgestellt, daß diese Architektur kaum mehr bietet als die bloße Unterbringung der Bewohner. Bedürfnisse nach Behaglichkeit und Geborgenheit, nach Heimatgefühlen und Geselligkeit können diese Bauten nicht befriedigen. Verbreitet sind demgegenüber Vereinsamung und Kriminalität.
Der Monotonie von Bauten, die einen falsch verstandenen Funktionalismus darstellen, versucht die Postmoderne entgegenzuwirken. Zwar verwenden auch die Architekten der Postmoderne industrielle Techniken und Formen,

doch setzen sie sich über alle Gebote der klassischen Moderne hinweg und beleben ihre Bauwerke mit neuen, spielerischen, dekorativen Zügen. Der Architekt Hans Hollein betont, daß ein Baukörper eben nicht nur Konstruktion sei, sondern auch „kulinarische" Aspekte befriedigen, der Schaulust der Augen etwas bieten müsse. In seinem Buch „Die Unwirtlichkeit der Städte" von 1969 hatte Alexander Mitscherlich formuliert: „Heimat verlangt Markierungen der Identität eines Ortes." Immer gleiche, sich wiederholende Siedlungseinheiten können diesen Anspruch nicht erfüllen.

Um dem Bau ein bestimmtes Gepräge, einen eigenen Akzent, zu geben, greifen postmoderne Architekten daher auch auf Stilmuster und Bauformen der Geschichte zurück, die sie (zumeist stilisiert und umgestaltet) in die eigenen Bauentwürfe aufnehmen. Solche geschichtlichen Zitate werden häufig spielerisch verwendet und dienen in der Art einer Collage der Konfrontation verschiedenartiger Stilformen, aber auch Materialien. Diese Collagen bedienen sich aber nicht nur historischer Formen, sondern verwenden auch Elemente anderer Lebensbereiche wie Neoneffekte aus der Diskothekenwelt und Bemalungen in Popfarben. So wirkt die postmoderne Bauweise im Gegensatz zum Historismus trotz der Verwendung tradierter Formen nicht historisierend, weil die Muster und Figuren zum einen nicht ausschließlich, zum andern in einer völlig neuen Bedeutung und zumeist als reine Dekoration eingesetzt werden.

Unter Berufung auf Baumeister wie den klassizistischen Preußen Karl Friedrich Schinkel und den Italiener Andrea Palladio (1508–80) verlangen die Wortführer der Postmoderne nach einer ästhetisch geprägten Architektur, die nicht von Stilreinheit, sondern von Vielfalt (durchaus auch historischer Zutaten wie Säulen, Kapitelle, Rundbögen) bestimmt wird. Die wichtigsten Vertreter dieser neuen Stilrichtung sind in Europa OSWALD MATHIAS UNGERS, JOSEF PAUL KLEIHUES, ALDO ROSSI, HANS HOLLEIN und JAMES STIRLING sowie in Amerika ROBERT VENTURI, CHARLES MOORE und PETER EISENMAN.

James Stirling: Neue Staatsgalerie in Stuttgart (1978–84)

Frank Owen Gehry: Vitra Designmuseum in Weil am Rhein (1988/89)

Dekonstruktivismus (ca. ab 1985)

1988 organisierte der amerikanische Architekt PHILIP CORTELYOU JOHNSON im berühmten New Yorker Museum of Modern Art eine Ausstellung mit dem Titel „Dekonstruktivistische Architektur". Als Protagonist dieser neuen Richtung gilt FRANK OWEN GEHRY, der zu einem seiner Entwürfe sagte: „Dies ist kein Grundriß. Ich gab mir Mühe, ihn zu desorganisieren; ich wollte nicht, daß der Entwurf erkennbar wird." Dieser Ausspruch kennzeichnet den Gegensatz zu den denkenden Baumeistern der Bauhaus-Ära: während diese das jeweilige konstruktive Gerüst eines Gebäudes ausdrücklich betonten und sein Funktionieren leicht nachvollziehbar zur Schau stellten, wirken dekonstruktivistische Bauten improvisiert und wie mit zufällig vorgefundenem Material spontan zusammengefügt. Wellblech, Maschendraht, Sperrholzverschalung, dünne Aluminiumprofile und spitze Glasscheiben unterstützen ebenso wie asymmetrische, wie perspektivisch verzerrt wirkende, den rechten Winkel meidende Gebäudeformen nach außen den Eindruck eines phantasievollen Provisoriums. Häufig führen früher untergeordnete Bauteile ein Eigenleben und werden deutlich überbetont: Treppenhäuser, Vordächer, Kamine und technische Einrichtungen wie Rohre für Klimaanlagen. Dabei entstehen durchaus sympathische, einladende Innenhöfe und großzügige, helle Räume im Inneren. In Deutschland stellen das HYSOLAR-FORSCHUNGSINSTITUT der Universität Stuttgart von GÜNTER BEHNISCH oder das VITRA DESIGNMUSEUM in Weil am Rhein von Frank Owen Gehry Beispiele für dieses Bauen dar.

Plastik

In der Entwicklung der Plastik im 20. Jahrhundert lassen sich grob zwei Richtungen unterscheiden. Als Ausgangspunkt für die erste Richtung kann man die Arbeiten Adolfs von Hildebrand und Auguste Rodins sehen. Diese Richtung begriff die Skulptur weiterhin als ein für sich stehendes Objekt, das durch die Gestaltung seiner äußeren Formen geprägt wird.

Für das beginnende 20. Jahrhundert wird ARISTIDE MAILLOL zum richtungweisenden Bildhauer. Von ihm wird gesagt, er habe für die Skulptur das gleiche getan, was Cézanne für die Malerei bewirkt hat. Maillol baute seine Figuren von innen heraus mit geometrischen Grundelementen wie Kegel, Kugel und Rhombus auf. Seine Plastiken sind nicht bestimmt von realistischen oder gar pathetischen Gesten, sie stellen keine bestimmten Typen dar, schon gar nicht Porträts. Körper werden auf eine geschlossene Grundform reduziert und wirken als in sich ruhende Gestalten.

Aristide Maillol: Die Luft (1919)

So wie Picasso und Georges Braque aus den Ansätzen Cézannes die kubistische Malerei entwickelten, so ging in der Skulptur HENRI LAURENS über Maillol hinaus. Über Georges Braque nahm er Gestaltungsprinzipien der Kubisten auf und übersetzte sie in seine Bildhauerei. Pyramiden und Kegel schieben sich bei ihm in spitzem Winkel ineinander und übereinander und scheinen dem Betrachter aus jedem Blickwinkel mehrere Ansichten des Gegenstandes zu bieten.

Eine derartige Hinwendung zur abstrakten Plastik betrieb in Deutschland RUDOLF BELLING. Ohne den Rückgriff auf ein Modell als Vorbild versuchte er, in freier Erfindung bewegte Formen in einen Gegensatz von Leerräumen und plastischem Volumen zu bringen. Dabei lassen seine Gestaltungen Assoziationen an menschliche Körper durchaus zu.

Mit der Konfrontation von positiven und negativen Formen, von konkaven und konvexen Flächen, mit der Reduktion von Köpfen und Figuren auf geometrische Grundelemente be-

Henri Laurens: Kopf (1917)

schäftigten sich auch ALEXANDER ARCHIPENKO und JACQUES LIPCHITZ, beide mit Bezug auf die Arbeiten Picassos.

Ernst Barlach: Berserker (1910)

CONSTANTIN BRANCUSI löste sich völlig vom Naturvorbild und bemühte sich um eine elementar bildhauerische, von allen zufälligen Assoziationen befreite Urform mit einer strengen Konzentration auf geschlossene Umrisse. Er wurde zu einem Vorbild für einen der bedeutendsten Bildhauer des 20. Jahrhunderts, HENRY MOORE, der sich zwar für den Menschen als Thema seines bildhauerischen Schaffens entschied, dessen Körperformen er jedoch bis zum äußersten vereinfachte, dabei Figuren und Material durchbrach und auf diese Weise Durchblicke und Hohlformen schuf. Seine Skulpturen ergeben so nach allen Seiten stets wechselnde Ansichten.

Jacques Lipchitz: Harlekin mit Akkordeon (1918)

In der Folge einer Beschäftigung mit der Kunst der Naturvölker nahmen die Künstler des deutschen Expressionismus Anregungen der sogenannten „Primitiven" auf. Zu ihnen gehörte (mit Einschränkungen) WILHELM LEHMBRUCK, der seine Figuren in klaren Formen und einfacher strenger Linienführung gestaltete. Dazu bildete ERNST BARLACH, der ebenfalls dem Expressionismus verpflichtet war, einen klaren Gegensatz: Wuchtige, streng stilisierte, eher urwüchsig wirkende Blockformen kennzeichnen seine Arbeiten. Alle bisher angeführten Bildhauer betrachteten die Plastik weiterhin als selbständige Einheit, die man etwa als Gegenstand in den Raum hineinstellen kann. Ihre Entwicklung betrieben sie im wesentlichen durch die Veränderung ihrer äußeren Gestalt, zum Beispiel durch die Vereinfachung des Gesamtkörpers oder durch die Auflockerung der Oberfläche.

Henry Moore: Large two forms (1966)

Für die zweite Richtung in der Plastik des 20. Jahrhunderts ist der Versuch charakteristisch, den Raum in einem neuen Sinn zu begreifen. Diesen Ausgangspunkt markierte MARCEL DUCHAMP. Er erklärte zum Beispiel industriell hergestellte Gebrauchsgegenstände, auf Sockel montiert oder auch einfach nur in einer neuen Position aufgestellt, zu Kunstwerken (**Readymades**).

In seiner Nachfolge wurden die Grenzen der traditionellen Gattungen Malerei, Plastik und Architektur verwischt. Der das Werk umgebende Raum wurde im **Environment** mit einbezogen. Hier kann der Zuschauer, wie etwa bei den Installationen von EDWARD KIENHOLZ, das Werk nicht nur umschreiten, sondern selbst betreten und sich als Teil der Szenerie fühlen.

Dies gilt bedingt auch für die Arbeiten DUANE HANSONS. Seit etwa 1967 stellt er parallel zum „fotografischen Realismus“ in der Malerei „hyperrealistische“ Menschentypen aus Fiberglas mit originaler Kleidung und charakterisierenden Objekten in Lebensgröße her. Seine Figuren erscheinen als Chiffren für einen bestimmten individuellen Habitus oder auch eine konkrete soziale Situation, die das zeittypische Umfeld einschließt. Ihre Wirkung beziehen diese Figuren aus ihrer lebensechten Erscheinung, die den Betrachter nicht nur kurzfristig verblüffen, sondern oft nachhaltig beunruhigen kann. Da die Figuren nicht etwa auf einem

Duane Hanson: Supermarket Lady (1970)

Edward Kienholz: The Beanery (1965)

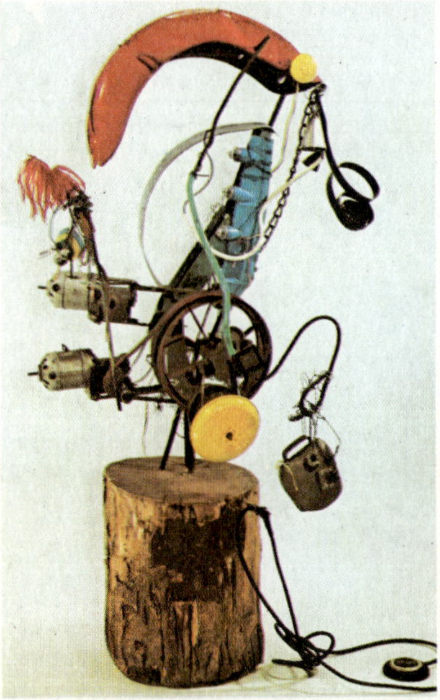

Jean Tinguely: Baluba III (1959)

Sockel präsentiert werden, sondern sich in einem Raum in einer gewöhnlichen, durch nichts hervorgehobenen Situation befinden (die auch eine lebende Gestalt einnehmen könnte) und so ihren Kunstcharakter leugnen, beziehen sie ihre Umgebung in ihre Wirkung mit ein. Die Konfrontation mit dem Betrachter geschieht sozusagen auf gleicher Ebene, als sei er selbst Teil im Umfeld der Figur.

Der Schweizer JEAN TINGUELY bezog weitere Dimensionen wie die Zeit und die Bewegung in seine Arbeiten mit ein. Er konstruierte Kunstwerke wie Maschinen, aus Aberhunderten von Teilen, die mit Geräuschen und einer Vielzahl sich bewegender Teile unterschiedlichste, im Lauf einer bestimmten Zeit sich wiederholende Arbeitsabläufe verrichten. Diese Richtung moderner Plastik ist gekennzeichnet durch die Verwendung einer Vielfalt verschiedener Werkstoffe sowie durch Kombinationen und Collagen aus unterschiedlichsten Materialien.

Eine solche „Skulptur" steht nicht mehr als einzelnes Objekt im Raum, sondern bezieht ihre Umgebung, zuweilen sogar die Zeit, mit ein. Daher gehört in die hier beschriebene „zweite Richtung" auch die kinetische (bewegliche) Plastik, die sich verändert oder sich in ihrem Umraum bewegt. Die herkömmliche Statik bisheriger Skulpturen wird durch den Einfluß des Windes oder eingebauter Antriebsvorrichtungen überwunden und mit Hilfe von Glocken, Klingeln oder anderer Klangkörper auch akustisch angereichert.

Kubismus (ca. ab 1906)

Der Kubismus hat seinen Namen von dem lateinischen Wort „Cubus" (Würfel). Es steht für ein Prinzip dieser Malerei: die Reduzierung der Bildgegenstände auf Grundformen wie Würfel, Kegel, Pyramide, Zylinder und Kugel. Seine entscheidenden Anregungen verdankte der Kubismus Paul Cézanne. Cézanne hatte versucht, die impressionistische Malweise weiterzuführen, indem er die durch Licht und Luft bewirkte Auflösung des Bildmotivs mit nuancierten Farbtönen darstellte. Dabei war es ihm auch darum gegangen, die Bildgegenstände auf das wesentliche ihrer Formen zurückzuführen. Diese Grundlagen Cézannes griffen die Kubisten auf.
Für sie war die Malerei nicht mehr der Versuch, die Illusion eines Motivs auf der Bildfläche zu erzeugen. Der Bildgegenstand war nur noch insofern von Interesse, als er zur Grundlage einer Bildkonstruktion gemacht werden konnte. Dazu wurde er in der anfänglichen Phase (etwa ab 1906) des sogenannten **analytischen Kubismus** zunächst in seine inneren Strukturelemente zerlegt. Standortveränderungen des Malers führten dabei zu verschiedenen Ansichten desselben Bildgegenstandes. Vor allem PABLO PICASSO und GEORGES BRAQUE versuchten, solche verschiedenen Sichten eines Gegenstandes gleichzeitig in eine logische, konstruktive Flächenordnung einzufügen. So konnte ein Gesicht in seinem Umriß frontal, die Binnenzeichnung darin (Nase) dagegen im Profil gesehen sein. Die Vereinigung verschiedener Sichten auf einer Bildfläche bedingte die Abkehr von der Zentralperspektive. Räumlichkeit wurde nicht mehr vorgetäuscht. Anatomische Proportionen spielten keine Rolle. Das Bildmotiv, das der Bildgestaltung als Modell diente, wurde subjektiv umgestaltet, abstrahiert (lat. „abstrahere" = wegziehen).
Diese Abstraktion führte in letzter Konsequenz dazu, daß die Verwendung der bildnerischen Mittel (die Auswahl von Farben und Formen und ihre Anordnung auf der Bildfläche) zu einem Spiel mit sich und für sich selbst wurde. Zuletzt verzichtete

**Georges Braque:
Stilleben mit Harfe und Violine (1912)**

Pablo Picasso: Les Demoiselles d'Avignon (1906/07)

man dabei auch auf die Anregung durch ein wirklich vorhandenes Motiv und gelangte so zur ungegenständlichen Kunst. Kubistische Gestaltungsformen und eine nicht perspektivische Raumdarstellung finden sich zuerst in Picassos Gemälde LES DEMOISELLES D'AVIGNON. In diesem Bild wird auch Picassos Beschäftigung mit afrikanischer Skulptur, ihren blockartig gegliederten Menschendarstellungen, sichtbar.

In der zweiten Phase (etwa ab 1912), dem **synthetischen Kubismus**, versuchten Picasso, JUAN GRIS und FERNAND LÉGER einen anderen Weg. Vorher war der Bildgegenstand zerlegt worden, um nach kompositorischen Grundsätzen auf der Bildfläche neu zusammengestellt zu werden. Im synthetischen Kubismus wurden rein abstrakte Formen auf der Leinwand zu der Erscheinung eines neu entstehenden Bildgegenstandes zusammengesetzt. Dabei blieb ihr ursprünglicher Charakter erhalten. Als Gestaltungsmittel dienten beim synthetischen Kubismus nicht nur Farbflächen und Linien, sondern collageartig wurden auch zum Beispiel Stücke einer Tapete oder einer Zeitung den gemalten Bildteilen hinzugefügt. Die Collagetechnik wurde später von anderen Kunstrichtungen (unter anderem dem Dadaismus) aufgenommen.

Juan Gris: Pierrot (1922)

Futurismus (ca. ab 1910)

Umberto Boccioni:
Die Mächte einer Straße (1911)

Die im wesentlichen italienisch geprägte literarische, künstlerische und politische Bewegung des Futurismus hat ihren Namen vom lateinischen „Futurum“ (Zukunft). Sie bekämpfte Traditionen, zeigte sich begeistert von der Technik der modernen Maschine, von Dynamik und Geschwindigkeit. Dementsprechend versuchten die Futuristen Bewegung und Tempo in ihren Bildern wiederzugeben. Sie entlehnten Gestaltungsmittel aus dem Kubismus und ließen sich auch beeinflussen von Fotografen wie EAWEARD MUYBRIDGE. Ihm war es gelungen, verschiedene Stadien einer Bewegungsabfolge durch Übereinanderbelichtung auf einer Fotografie festzuhalten. Ebenso versuchten die Futuristen, das zeitliche Nacheinander einer Aktion im Bild durch Überlagerungen, Durchdringungen und durch ein Nebeneinander auszudrücken.
Als einer der Wortführer der Futuristen gilt UMBERTO BOCCIONI. Er ging aus auch von der Kenntnis des französischen Neoimpressionismus, dessen Divisionismus er um 1910 in erregten Farbimpulsen, simultanen Perspektiven und Bewegungsphasen dynamisierte. Seine Themen sind Stadt, Masse, Aufruhr und Verkehr. Dabei weist seine Anwendung der futuristischen Stilmittel, wie in seinem Bild DIE MÄCHTE EINER STRASSE erkennbar wird, durchaus Querverbindungen zu kubistischen Darstellungsweisen auf. Die Bewunderung des technischen Fortschritts und des Tatmenschentums bezogen die Futuristen auch auf Waffen und kriegerische Handlungen. Mit der Hinwendung zur faschistischen Bewegung MUSSOLINIS diskreditierte die Bewegung sich schließlich selbst.

Expressionismus (ca. ab 1905)

Das lateinische Wort „Expressio“ (Ausdruck) gibt dieser Kunstströmung der ersten Hälfte des 20. Jahrhunderts ihren Namen. Sie gelangte vor allem in Deutschland zu großer Bedeutung. Im Gegensatz zum Impressionismus, in dem ein äußerer Eindruck aufgenommen und im Bild wiedergegeben wurde, sollte im Expressionismus ein innerer, seelischer Ausdruck in die Bildgestal-

tung einfließen. Das Bildmotiv der Wirklichkeit sollte nicht bloß imitiert werden, sondern in einem schöpferischen Akt der Selbstverwirklichung des Künstlers eine neue und suggestive Ausdruckskraft gewinnen.
Als Vorläufer gelten Paul Gauguin und Vincent van Gogh. Die stark farbige, züngelnde Pinselführung und die dynamische, wild bewegte Formgebung in den Bildern van Goghs lassen die Intensität seiner Gefühle und das Maß seiner seelischen Ergriffenheit bei der Gestaltung seiner Bilder besonders gut erkennen. Insgesamt lassen sich die expressionistischen Künstler unterteilen in verschiedene Gruppierungen.
Die französischen **Fauves** („Wilden") sorgten von 1905 an für den ersten künstlerischen Aufruhr des 20. Jahrhunderts. Ihre Bezeichnung stammt von einem Kunstkritiker, der sich auf der ersten gemeinsamen Ausstellung dieser Malergruppe unter der Führung von HENRI MATISSE 1905 provoziert fühlte und „unter den wilden Tieren" wähnte. Kein formuliertes Programm, sondern eine gemeinsame Grundhaltung verband die Künstler, die auf plastische Wirkungen verzichteten, Farben ohne Licht- und Schattenmodellierungen in großen Flächen nebeneinander verwendeten und ihre Formen der Ausdrucksdynamik reiner Farben unterwarfen. Die Fauves legten also ihren Akzent auf die malerische Form und auf eine Bildkomposition, die mehr durch das Zusammenwirken der Farben als durch genaue Umrißlinien bestimmt wurde. Im Gegensatz zu den oft schweren, düsteren Bildern deutscher Expressionisten zeigen die Fauves heitere, lebensbejahende Motive und oft einen fast dekorativen Stil. Nach den Fauves wurde der französische Expressionismus modifiziert durch drei Emigranten, die sich auf Dauer in Paris niederließen: CHAIM SOUTINE aus Litauen, AMEDEO MODIGLIANI aus Italien und MARC CHAGALL aus Rußland. Modigliani malte vor allem Akte und Köpfe von Mädchen mit eigenwillig lang geformten Gesichtern und Körpern. Die Stimmung von wehmütiger Vereinsamung, die manche seiner Bilder ausstrahlen, mag persönlich begründet sein – er war zeitlebens übersensibel und körperlich krank. Seine Malweise weist darüber hinaus Spuren seiner bildhauerischen Arbeiten auf. In der Beschäftigung mit afrikanischen und indischen Vorbildern, auf die ihn sein Freund Constantin Brancusi hingewiesen hatte, formte er in seinen Plastiken langgezogene Köpfe auf überlangen Hälsen. Diese Gestaltungen übertrug er später auf seine Malerei. Auch fauvistische und kubistische Einflüsse sind erkennbar. Er bevorzugte einen klaren Aufbau aus konkaven und konvexen Flächen, mit deren Hilfe er die Körper kubisch vereinfachte.

Henri Matisse: Goldfische (1911)

Marc Chagall:
Über Witebsk (1922)

Chagalls Malerei ist geprägt von seiner Herkunft. Erinnerungen und Verweise auf seine Heimat Rußland und deren Märchen finden sich auf vielen Bildern. Ebenfalls bedeutsam ist die Welt des Chassidismus, eine jüdische Glaubensgemeinschaft voller Wunderglauben und grenzenlosem Gottvertrauen. Schwerelos schweben phantasievolle Gestalten und Gegenstände durch seine Bilder. Liebespaare, Blumensträuße, Kühe und der Geiger auf dem Dach gehören zu einer ganz eigenen Symbolik, die seine Gefühle und Erinnerungen wiedergeben soll. Konventionelle Vorstellungen von perspektivischer Räumlichkeit hob er auf und verknüpfte seine Bildelemente, Figuren und Sachen, in einer lebhaften flächigen Bildorganisation. Obwohl er anfangs dem Expressionismus nahestand, nahm er doch auch Methoden der Formzergliederung aus dem Kubismus in manche seiner Bilder auf. Letztlich ordnete er sich jedoch keiner bestimmten Richtung eindeutig zu. Allerdings beeinflußte er selbst durch seine Art, sich von seiner Vorstellungkraft stets neu über die Tatsachen des Alltags hinaustragen zu lassen, den Surrealismus in den zwanziger Jahren.

Zur gleichen Zeit wie die Fauves in Frankreich schlossen sich auch in Deutschland Künstler zu einer expressionistischen Malergemeinschaft zusammen. ERNST LUDWIG KIRCHNER, ERICH HECKEL, KARL SCHMIDT-ROTTLUFF, später auch MAX PECHSTEIN, OTTO MUELLER und EMIL NOLDE bildeten 1905 **Die Brücke**. Sie stellte einen wesentlichen Markstein in der Entwicklung der expressionistischen Malerei dar. In einer besonders ausgeprägten Form repräsentiert sie ein gewandeltes Kunstverständnis, welches nicht nur den Historismus, sondern auch jede Art gelehrt-akademischer Kunstausbildung ablehnte. Folgerichtig waren die Gründer der Brücke Autodidakten, sie hatten keinerlei schulmäßige Malausbildung erhalten.

Kirchner, Heckel und Schmidt-Rottluff hatten sich als Architekturstudenten in Dresden kennengelernt. Ihnen war gemeinsam, daß sie bürgerliche Wertvorstellungen, Traditionen und Akademismus überwinden wollten. Die überlieferten Regeln der Malschulen versuchten sie durch eine individuell geprägte Gestaltungsweise zu ersetzen, in der die künstlerische Persönlichkeit mit all ihren elementaren Gefühlen zu einem eindringlichen, zuweilen schockieren-

Ernst Ludwig Kirchner: Die Maler der Künstlervereinigung Brücke (1925)

den Ausdruck kommen sollte. Diese Vorstellungen führten zu einer bevorzugten Verwendung archaisch anmutender, „primitiver" Bildelemente. Auf einfachste Formen reduzierte Bildwerke aus Afrika und der Südsee wurden zu ihren Vorbildern. „Alle revolutionären und gärenden Elemente an sich zu ziehen, das besagt der Name BRÜCKE", schrieb Schmidt-Rottluff 1906.
Dementsprechend war das Schöne an sich für die Maler der Brücke unwichtig. Anfangs wurde fast jedes Ordnungsschema mißachtet. In den Darstellungen finden sich fast gewaltsame Züge, Porträts werden wie zur Grimasse verzerrt. Etwa ab 1909 wurden die Maler der Brücke stärker von van Gogh beeinflußt. Sie entwickelten einen spezifischen Brücke-Stil, dessen schroffe Farb- und Formgegensätze zu absichtsvollen Disharmonien führten. Wie van Gogh – und im Gegensatz zu den Fauves – betonten sie die seelisch-psychischen Momente. Der künstlerische Ausdruck ihrer Bilder sollte von einem eigenen starken, schöpferischen Erleben bestimmt werden. Die aus der schwarzafrikanischen Kunst herrührenden harten, eckigen Formgebungen verbanden sie mit einem weitgehend auf die Fläche bezogenen dynamischen Mal- und Zeichenstil und einer stark dissonanten Farbigkeit. Von ihren Zeitgenossen kaum akzeptiert, wurden die Maler der Brücke später von den Nationalsozialisten verfolgt. Erich Heckels Selbstporträt zeigt die charakteristischen Stilmittel der Brücke-Maler. In Abkehr vom Impressionismus und in deutlich sichtbarer Auseinandersetzung mit sogenannter primitiver Kunst gestaltete er seinen Holzschnitt in starker Farbigkeit, mit dynamischer Linienführung und vor allem auf die Fläche bezogen. Eine Raumandeutung ist kaum erkennbar.
In München vertrat ab 1912 der **Blaue Reiter** mit WASSILY KANDINSKY, ALEXEJ JAWLENSKY, FRANZ MARC und AUGUST MACKE einen stärker auf formale Probleme konzentrierten, romantischeren Expressionismus. Der Name, ursprünglich der Titel eines von Kandinsky und Marc herausgegebenen Almanachs, entstammt einem Wortspiel unter den Mitgliedern. Er sollte den Aufbruch zu einer neuen, „geistigen" Kunst symbolisieren, die den Materialismus des 19. Jahrhunderts ablehnte. Als Gegenpol zu der wirklichkeitsnäheren Richtung in Dresden wählten die Münchener Künstler Farbharmonien statt Farbdissonanzen.

Für den Blauen Reiter der Anfangsjahre ist Mackes TUNESISCHE LANDSCHAFT typisch. Macke verstand seine Bilder als „visuelle Poesie". Die rein dekorativen Farbtöne des Fauvismus verband er mit einem zurückhaltend eingesetzten, kantig gebrochenen Konstruktionssystem im Sinne des Kubismus. Seine Wiedergabe der Realität (Menschen, Straßen- und Parkmotive) beschränkte sich auf flächenhafte Andeutungen innerhalb geordneter Raumkompositionen, deren Struktur vor allem von der Leuchtkraft der eingesetzten Farben bestimmt wird.

Erich Heckel: Selbstporträt (1919)

Im Gegensatz zu den Malern der Brücke löste sich der Blaue Reiter, vor allem Kandinsky, immer stärker vom Naturvorbild. Dieser bemühte sich um die schriftliche Formulierung einer Kunsttheorie, die eine der Musik entsprechende Harmonielehre und Kontrapunktik hervorbringen sollte. Damit versuchte er, der Malerei ein Mittel an die Hand zu geben, die bildnerischen Elemente (wie etwa Farbe und Linie) ähnlich zu gebrauchen wie die Musik die Töne. So führte Kandinskys Entwicklung in eine Richtung, die später zu völlig ungegenständlichen Bildern führte. Der Einfluß des Blauen Reiters wirkte daher auch nach dessen Auflösung im Ersten Weltkrieg in vielen Bereichen abstrakter Malerei fort. Auch im Bauhaus wurden seine Ideen, besonders die Gestaltungslehren Kandinskys, aufgenommen und fanden Eingang zum Beispiel in die Konzeption des Vorkurses.

Das Wort „ungegenständlich" besagt in der Kunstwissenschaft, daß ein Kunstwerk nicht unbedingt auf einen real vorhandenen Gegenstand Bezug

**August Macke:
Tunesische Landschaft (1914)**

nimmt. Damit ist aber nicht auf eine schulmäßige Richtung angespielt, wie sie etwa von einer Künstlergruppe oder einer eng begrenzten Phase kunstgeschichtlicher Entwicklung dargestellt werden würde, sondern vielmehr auf eine weit verbreitete künstlerische Arbeitsweise, die sich im Laufe des 20. Jahrhunderts in verschiedene einzelne Ausprägungen aufsplitterte. Die ungegenständliche Kunst markiert das Ende einer Entwicklung, die im Impressionismus begonnen hatte. Hier war dem Material und der individuellen Malweise des Künstlers ein gegenüber der zuvor angestrebten hohen Abbildungsqualität deutlich höherer Stellenwert zugewiesen worden. Diese Tendenz – nicht zuletzt auch angeregt durch die wachsende Bedeutung der Fotografie, von der sich die Malerei mehr und mehr abgrenzen wollte – hatte sich bei Cézanne fortgesetzt; die Nachahmung von vorgegebenen Formen, etwa der Natur, spielte eine immer geringere Rolle. Demgegenüber wurde das freie, aber auch das planvolle Spiel mit Farben und Formen zunehmend wichtiger.

Auf die Bilder Picassos und Braques kann bereits der Begriff abstrakte Kunst angewendet werden, weil ihnen wirklich vorhandene Modelle zugrunde liegen, deren Gestaltung auf der Bildfläche von der sichtbaren Erscheinung abstrahiert wurde. Ungegenständlich sind sie nicht. Wassily Kandinsky gilt als der erste, der völlig auf ein vorgegebenes Modell verzichtete und im freien Spiel von Linien, Punkten und Farbflächen eine völlig ungegenständliche Bildgestaltung anstrebte. Er hat diese Malweise nicht nur eingeleitet, sondern auch theoretisch untermauert und in seiner Schrift „Das Geistige in der Kunst“ von 1912 den Anspruch formuliert, die materialistische Haltung des 19. Jahrhunderts damit zu überwinden. Sein Bild IM BLAU zeigt, wie Kandinsky während seiner Tätigkeit als Lehrer am Bauhaus mit Hilfe von Flächen und Linien Richtungskräfte erzeugte, deren dynamische Spannungen seine an geometrischen Formen orientierten Kompositionen lebendig machen, obwohl ihnen jedes wiedererkennbare Bildmotiv fehlt. Seine Lehrtätigkeit führte auch zu seiner Bauhaus-Schrift „Punkt und Linie zur Fläche“. Sie gilt bis heute als eine der wichtigsten kunsttheoretischen Schriften des 20. Jahrhunderts und stellt eine fundamentale Harmonielehre dar, die erste Farb-

Wassily Kandinsky: Im Blau (1925)

und Formlehre der gegenstandsfreien Malerei, der er damit zu einer weiten Verbreitung verholfen hat.
In der kunsthistorischen, kunsttheoretischen oder kunstkritischen Diskussion werden die Begriffe „gegenstandsfrei“, „ungegenständlich“, „abstrakt“ und „Abstraktion“ terminologisch oft nicht klar unterschieden. Während die beiden ersten das gleiche meinen (wie bei Kandinsky beschrieben), werden die beiden letzten häufig in einer der Wortbedeutung widersprechenden Weise auch für tatsächlich ungegenständliche Bilder und Skulpturen verwendet. Zutreffend sind sie eigentlich nur für solche Kunstwerke, denen eine wirklichkeitsbezogene Vorstellung, ein Modell oder ein in anderer Weise tatsächlich vorhandenes Motiv als Grundlage gedient hat.

El Lissitzky: Proun G 7 (1923)

Der Expressionismus in Österreich, der auf Ebenen des Unterbewußten und der Psyche zielte, wurde vor allem von EGON SCHIELE und OSKAR KOKOSCHKA vertreten. Schiele verwendete eine eckige, herbe, manchmal bizarre und spröde Bildsprache, um mit der Entstellung des Körpers seelisches Leid, Verzweiflung und Schmerz auszudrücken. Dabei verwendete er vor allem Modelle aus unteren sozialen Schichten. Dadurch und durch die in vielen Bildern sehr deutliche erotische Komponente geriet er nicht nur in eine allgemeine öffentliche Ablehnung, sondern auch in Konflikt mit der Justiz. Kokoschka entwickelte ebenfalls einen sehr persönlichen Stil. In seinen Porträts versuchte er, mit intensiver Einfühlung das Seelische bloßzulegen, quasi ein psychoanalytisches Abbild der jeweiligen Individualität zu erzeugen. Seine Städtebilder und Landschaften sind dramatisch bewegt, von intensiver Farbigkeit und von einem mit leidenschaftlicher Unruhe gesteigertem Ausdruck. In ihnen scheint der österreichische Barock fortzuwirken.

Konstruktivismus (ca. ab 1913)

In seiner reinen Form ist der Konstruktivismus eine der Spielarten ungegenständlicher Kunst. Entstanden ursprünglich in Rußland, unter anderem durch Beteiligung von KASIMIR MALEWITSCH, WLADIMIR TATLIN und EL LISSITZKY, entwickelte er sich in Westeuropa vor allem in der holländischen Stijl-Gruppe, zu deren berühmtesten Vertretern PIET MONDRIAN und THEO VAN DOESBURG gehören, und später im Bauhaus. Ähnlichkeiten mit dem Kubismus sind die bevorzugt verwendeten, der Geometrie entstammenden Formen wie Gerade, Rechteck, Dreieck oder Kreis. Die einzelnen Gestal-

tungselemente werden nach kompositorischen Grundsätzen vorwiegend, wenn auch nicht nur, in waagerechter und senkrechter Anordnung auf der Bildfläche konstruiert. Der auf einfache geometrische Grundmuster aufgebauten Formgebung entspricht die reduzierte Farbigkeit, die sich auf die Primärfarben Rot, Gelb, Blau sowie Schwarz, Weiß und Grau in einer unabgestuften Verwendung beschränkt.
Dem Konstruktivismus (aber auch dem Kubismus und Expressionismus) nahestehende Künstler wie LYONEL FEININGER, PAUL KLEE und OSKAR SCHLEMMER entwickelten als Mitarbeiter des Bauhauses Lehrpläne und Theorien zur Kunst und zur Ausbildung von Künstlern und Kunsthandwerkern. Doch trotz einer gewissen geistigen Verwandschaft kamen sie jeweils zu sehr unterschiedlichen künstlerischen Ergebnissen, deren Eigenständigkeit und Individualität ins Auge springt.

Pittura metafisica (ca. 1910–19)

Der Begriff Pittura metafisica („metaphysische Malerei") bezeichnet eine Richtung der modernen italienischen Malerei, die von GIORGIO DE CHIRICO, CARLO CARRÀ und GIORGIO MORANDI getragen wurde. Im Gegensatz zur Dynamik des etwa gleichzeitigen Futurismus bezog sie sich durchaus auf klassische Maltraditionen wie die der Frührenaissance. Weitere Anregungen flossen aus der Philosophie zum Beispiel SCHOPENHAUERS und NIETZSCHES sowie aus den düster-phantastischen Bildvisionen der Symbolisten Böcklin und Klinger. Ausgehend von De Chiricos intensivem Erleben der mittäglich stumm-leeren Piazza Santa Croce in Florenz beschwor die Pittura metafisica immer wieder das Motiv ausgestorbener Plätze und Architekturfassaden. Dem hektischen Aktionismus auf futuristischen Bildern wird hier Ruhe und Leere entgegengestellt. Der Mensch hat sich zurückgezogen. Allenfalls stellvertretend stehen Statuen, Schneiderpuppen und Marionetten. Auffallend sind die langen Schatten, die ein merkwürdig fahles Licht auf die Bildräume fallen lassen. So entsteht eine Atmosphäre, die wie eine Traumwelt anmutet: kein Hauch von Leben, Windstille, Lautlosigkeit. Das entspricht einer Äußerung De Chiricos, nach der ein wahrhaft unsterbliches Kunstwerk die Grenzen des Mensch-

Giorgio De Chirico: Die beunruhigenden Musen (1916)

lichen verlassen müsse. Ein wirklich tiefgründiges Werk könne der Künstler nur aus den entlegensten Tiefen seines Wesens emporheben: Dort gebe es kein Rauschen eines Flusses, kein Lied eines Vogels, kein Rascheln des Laubes. Er sagte auch, alles in der Welt müsse man sich als Rätsel vorstellen. So versuchten die Maler der Pittura metafisica, im Gegensatz zur Oberflächenkunst des Impressionismus und der dynamischen, aber inhaltsleeren Betriebsamkeit der Futuristen „hinter die Dinge" zu schauen und ihre Rätsel zu entdecken. Auf diese Weise gelangten sie bis an die Grenzen des Unbewußten. Damit übten sie einen entscheidenden Einfluß auf die Surrealisten aus, die diese Grenzen später überschreiten wollten.

Dadaismus (ca. ab 1915)

Das Wort „Dada" („Pferdchen" in der französischen Kindersprache) wurde nach dem Zufallsprinzip, also „bewußt zufällig" gefunden. Dieses Zufallsprinzip entsprach der literarisch-künstlerischen Bewegung des Dadaismus insofern, als sie scheinbar Sinnloses als ein Mittel betrachtete, überkommene Wertvorstellungen wie die bürgerliche Kultur der Lächerlichkeit preiszugeben. Ihr Protest richtete sich auch gegen den Völkermord im Ersten Weltkrieg und jene Zivilisation, die ihn hervorgebracht hatte. Die Dadabewegung, zu der auch Kurt Schwitters zu rechnen ist, setzte sich Antikunst zum Ziel, brachte Absurdes und Paradoxes hervor und vertraute dem „Gesetz des Zufalls", sie gab anarchische und satirische Flugblätter und Manifeste heraus, stellte Collagen aus den verschiedensten Materialien, vor allem aus Papierfetzen und typographischen Resten her, die in willkürlicher Form zusammengestellt wurden.

Kurt Schwitters: Collage (1921)

Surrealismus (ca. ab 1924)

Aus einer der verschiedenen Richtungen der Dadabewegung entwickelte sich ab etwa 1924 der Surrealismus. Das Wort „surrealistisch" wurde erstmals 1917 in der Bedeutung „über, neben der Wirklichkeit stehend" in einer Kunstdiskussion verwendet. Die Entdeckung des Unbewußten, die von Sigmund Freud entwickelte Psychoanalyse und die Erkenntnis der Relativität bisher als fest und unveränderlich angesehener Werte in der Relativitätstheorie Albert Einsteins erforderten in den Augen der surrealistischen Künstler eine neue Haltung gegenüber dem Leben. Vorahnungen, Assoziationen, Träume, Phantasien und Wahnvorstellungen sollten stärker beachtet und mit der Wirklichkeit, mit den Bedingungen des Rationalen und Logischen zu einer absoluten Überwirklichkeit vereint werden. Der Surrealismus war weniger ein Stil als vielmehr eine Haltung, mit der der Künstler Unbewußtes und traumhafte Erlebnisse verarbeitete und in Beziehung zu der Wirklichkeit seiner Umgebung setzte. Dementsprechend bildeten die Werke surrealistischer Künstler stilistisch keine Einheit und hatten auch keine gemeinsamen Inhalte.

Gemeinsam war ihnen die Methode, Bildelemente, Gegenstände, Situationen zu kombinieren, deren Verbindung im Alltag durch die Erfahrung und das Bewußtsein des Betrachters ausgeschlossen ist. Dadurch sollten vertraute Erfahrungen und Sehgewohnheiten in Frage gestellt werden. Bei aller Unterschiedlichkeit lassen sich in der surrealistischen Malerei zwei große Richtungen erkennen.

Kubismus und ungegenständliche Malerei sind Wegbereiter der ersten Richtung, des **absoluten Surrealismus**. Er verzichtete auf die Wiedergabe von Bildgegenständen. Im Gegensatz zur abstrakten Malerei wurden jedoch logische und bildimmanente Gesetzmäßigkeiten der Bildkomposition vernachlässigt zugunsten des Zufalls. Die ungegenständlichen Gestaltungsmittel Farbe und Form sollten beim Malen den Entstehungsprozeß von Träumen und Phantasien nachempfinden. JOAN MIRÓ gestaltete Bildhintergründe zunächst bewußt ungleichmäßig, um dann aus diesen planlos entstandenen Unregelmäßigkeiten Assoziationen aufzunehmen. Ohne einen vorher bestimmten Inhalt oder ein Kompositionsgerüst arbeitete er diese spontanen Einfälle und Eingebungen zu eher zufällig über die Bildfläche verteilten, verschieden großen Gegenstandsandeutungen aus. In seinem Bild DIE KLEINE BLONDE IM PARK DER ATTRAKTIONEN wird seine stark abstrahierende „Traummalerei“ biomorpher Formen, kindlicher Strichfiguren und kräftiger Buntheit gut repräsentiert. Als Beispiel für sein Spätwerk zeigt es seine oft romantisch anmu-

Joan Miró: Die kleine Blonde im Park der Attraktionen (1950)

Salvador Dalí: Vorahnung des Bürgerkriegs (1936)

tende Bildsprache aus skurrilen Figurationen, archaischen Zeichen und kosmischen Symbolen in malerischer Freiheit und in großen Formen.
Die zweite Richtung, der **veristische Surrealismus**, wurde vertreten von Künstlern wie MAX ERNST, RENÉ MAGRITTE und SALVADOR DALÍ. Richtungweisend für diesen Zweig der Surrealisten war die italienische Pittura metafisica. GIORGIO DE CHIRICO gestaltete ein Traumland aus archäologischen Versatzstücken, stellte große Figuren mit langen Schatten auf menschenleere Plätze, die wie riesige Stilleben wirken, und deutete so auf eine zweite, geheimnisvolle Wirklichkeit hinter den sichtbaren Gegenständen. Besonders bei Salvador Dalí sind Einflüsse der modernen Tiefenpsychologie für seine Bildgestaltungen bedeutend. Für ihn wie für die anderen Künstler des veristischen Surrealismus ist weniger der Entstehungsprozeß von Träumen (wie bei Miró), sondern vielmehr ihr Inhalt wichtig. Ihre Wirkung erhalten diese Bilder aus der Spannung zwischen zwei Polen. Der eine Pol ist die Naturnähe, mit der die mit äußerster Präzision und malerischer Raffinesse dargestellten Bildgegenstände und Landschaften erscheinen. Der andere Pol ist gegeben durch das Bewußtsein des Betrachters, der trotz der fast fotografisch genau wiedergegebenen Situationen im Bild weiß, daß die Existenz der einzelnen Bildgegenstände oder ihrer Gesamtheit im tatsächlichen Alltag nicht möglich ist.
Ein Beispiel dafür ist Dalís VORAHNUNG DES BÜRGERKRIEGS. Inhaltlich spielt das Bild auf den spanischen Bürgerkrieg an. Formal stellte er nicht zusammengehörige Dinge und Formen in einem perspektivisch richtigen Raum detailliert und sehr naturnah dar. Die Körper sind plastisch modelliert und von kräftiger Farbigkeit. Der sehr tiefe Bildraum ist in einer ungetrübten, klaren Atmosphäre dargestellt, die Raumstruktur scheint homogen und perspektivisch konsequent durchgearbeitet. Das Irritierende, der Vernunft widersprechende in seinem Bild entsteht durch die vorgeführten Verwandlun-

gen, Deformationen und das Ineinanderübergehen von Arten, Gattungen und Stoffen. Beine haben Hände, Felsen werden zu Armen, ein Knochen gebiert einen Kopf. Daneben wachsen neue Gebilde und provozieren Assoziationen verschiedenster (auch vom jeweiligen Betrachter abhängiger) Art. Deutlich wird, wie Dalí die Grenzen zwischen Realem und Phantastischem aufhob. Er spiegelte die „eigentliche Wirklichkeit“ des Menschen, die er in Anlehnung an die Theorie Freuds (den er 1938 persönlich kennenlernte) im Unbewußten suchte. Dabei verwertete er Traum- und Rauscherlebnisse, somnambule und hypnotische Zustände und nutzte sie als Quelle seiner künstlerischen Eingebung und Erkenntnis. Nach Freud verbinden sich bestimmte mineralische, tierische und pflanzliche Formen zum Beispiel im Traum mit symbolischen Assoziationen. Diese symbolgeladenen Formen stellte Dalí auch in diesem Bild dar.

George Grosz: Stützen der Gesellschaft (1926)

Neue Sachlichkeit (ab ca. 1922)

Der Begriff der „Neuen Sachlichkeit“ wurde 1923 geprägt von dem Direktor der Mannheimer Kunsthalle, G. F. HARTLAUB, anläßlich einer ersten zusammenfassenden Ausstellung. Er gilt als Sammelbegriff für eine sehr uneinheitliche Gruppe von Künstlern in den zwanziger Jahren, die sich weder dem Expressionismus noch dem Surrealismus noch der abstrakten Kunst zurechnen lassen. Dementsprechend hat man zur genaueren Unterscheidung der einzelnen Richtungen innerhalb dieser Gruppierung weitere Bezeichnungen wie veristischer Expressionismus, magischer Realismus oder sozialer Realismus gefunden. Allgemein bemühte sich die Neue Sachlichkeit im Gegensatz zum Expressionismus und der Abstraktion um Objektivität und Distanziertheit bei der naturnahen Wiedergabe von Menschen, Maschinen und Umgebung.

Für den veristischen Expressionismus stehen Künstler wie GEORGE GROSZ und OTTO DIX. Diese politisch engagierten Maler versuchten, schreckliche Ereignisse des Ersten Weltkriegs, Dekadenz und Korruption in der Nachkriegskrise mit unbestechlicher Eindeutigkeit zu beschreiben und damit Anstöße zur Überwindung dieser Mißstände zu geben. Die Motivwelt der magischen Realisten ist dem Alltag entnommen. Straßenecken und Häuserzeilen, Maschinenhäuser und Kesselanlagen, Wohnzimmer und Dachböden waren als Bildobjekte zwar zeitbezogen, wurden jedoch durch ihre Darstellungsweise im wesentlichen beschränkt auf die Wiedergabe detailgetreuer Oberflächen.

Das Anliegen der sozialen Realisten wurde vor allem von KÄTHE KOLLWITZ vertreten, die mit ihren sozialkritischen Lithographien und Zeichnungen den grauen Alltag vor allem der Arbeiter, Mütter und Kinder thematisierte. In ihrer Nachfolge entstand gegen Ende der zwanziger Jahre in Dresden eine kommunistisch beeinflußte „proletarisch revolutionäre“ Künstlervereinigung. Ihr sozialer Realismus hat klassenkämpferischen Charakter und versucht, die düstere Seite der sogenannten goldenen zwanziger Jahre darzustellen. Diese Richtung fand eine Entsprechung in der Sowjetunion, wo STALIN 1932 den sozialistischen Realismus zur offiziellen Kunstrichtung bestimmte. Von da an mußte sich jede Kunstproduktion in der Sowjetunion dieser Doktrin unterwerfen, abweichende Gestaltungen waren verboten, und ihre Urheber wurden verfolgt. Die Regeln des sozialistischen Realismus wurden nach dem Zweiten Weltkrieg auf den gesamten Ostblock ausgedehnt. Besonders konsequent wurden sie nach 1945 in der DDR eingehalten, wo die Zielsetzungen des sozialistischen Realismus sogar Gesetzesrang erhielten. Während die Bilder des sozialen Realismus der zwanziger Jahre in Deutschland Mißstände anklagten, hatten die Bilder des sozialistischen Realismus aber in erster Linie unbeirrbaren Optimismus und die Überlegenheit der marxistischen Gesellschaftsordnung zu verbreiten. Wesentliche kunstgeschichtliche Bedeutung haben beide Richtungen nicht erreichen können.

Kunst des Nationalsozialismus (1933–1945)

Die Nationalsozialisten lehnten alle experimentierfreudigen, um neue Entwicklungen bemühte Kunstrichtungen seit dem Impressionismus ab und verfolgten sie als „entartet“. Künstler, die nicht den Maßstäben der offiziellen, von der Reichskulturkammer kontrollierten Kunst entsprachen, erhielten Ausstellungsverbot, wurden von Lehrtätigkeiten entbunden und mußten zu einem großen Teil emigrieren. Ähnlich wie in der Sowjetunion diente die Kunst des Nationalsozialismus propagandistischen Zielen. In einer konservativen, gegenständlichen Malweise wurde die Wirklichkeit verfälscht und rassistische sowie militärische Ideale der Partei verherrlicht. In Plakaten und satirischen Karikaturen wurde der politische Gegner verächtlich gemacht und denunziert.

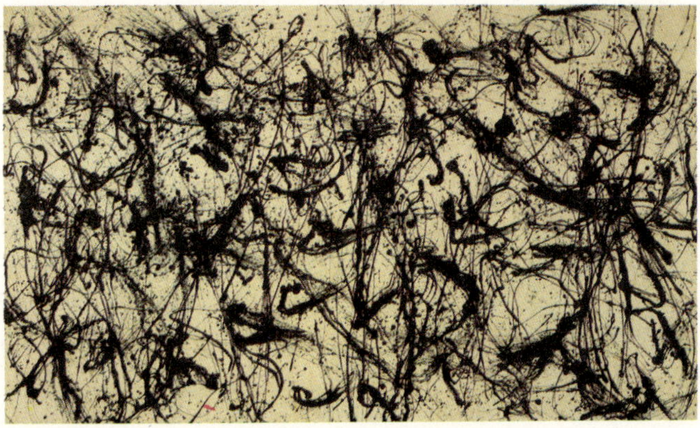

Jackson Pollock: Nummer 32 (1950)

Abstrakter Expressionismus (ca. ab 1940)

Der Terminus „abstrakter Expressionismus" bedeutet entsprechend den oben charakterisierten Begriffen „Expressionismus" und „abstrakt" ein nicht gegenständliches Ausdrücken von Empfindungen und Stimmungen. Grundlagen dieser während und nach dem Zweiten Weltkrieg entwickelten internationalen Strömung sind schon in den zwanziger Jahren durch einen Teil der Kompositionen Kandinskys und durch den sogenannten **Automatismus** gelegt worden. Im Automatismus hatte ein Zweig der Surrealisten versucht, spontan, ohne gedankliche Vorarbeit, ohne die Kontrolle durch Angelerntes, quasi automatisch, innere Zustände möglichst direkt auf der Leinwand umzusetzen und dadurch das Unbewußte zum Ausdruck zu bringen.

Willem De Kooning: Vorort in Havanna (1958)

So räumten auch die abstrakten Expressionisten dem Malprozeß selbst Vorrang ein. Ergebnis war am Ende eine Leinwand, die nicht die Wiedergabe eines vorher gedachten oder geplanten Bildthemas zeigte, sondern auf der der eigentliche Vorgang des Malens, die Aktion, zum Bildinhalt wurde. In den USA wurde diese Richtung neben Willem De Kooning vor allem durch Jackson Pollock vertreten. In spontanen Aktionen schleuderte er Farbe oder träufelte sie mit Hilfe durchlöcherter Farbeimer auf die Leinwand. Wegen der Dominanz des Motorischen wird diese Malweise auch **Action painting** genannt.

In ähnlicher Weise entwickelte sich der abstrakte Expressionismus auch in Europa, wo er unter dem Begriff **Tachismus** (frz. „tachet“ = Fleck) bekannt wurde.

Informel (ca. ab 1945)

Auch das Informel (frz. „informel“ = nicht formal, formlos) ist eine weitere Spielart ungegenständlicher, abstrakter Kunst. Hier sollte eine Gegenrichtung aufgebaut werden zu früheren, eher geometrisch geprägten Tendenzen, die durch systematischen Aufbau und die Entwicklung kompositioneller Regeln das abstrakte Bildgefüge zu rationalisieren versuchten. In Deutschland vertrat diese Richtung die „lyrische Abstraktion“ WILLI BAUMEISTERS, der ganz in diesem Sinne und im Gegensatz zu den gleichfalls ungegenständlichen Konstruktivisten (denen er in seiner Anfangszeit nahestand) der Intuition und spontaner Kreativität folgte.

Konkrete Malerei (ca. ab 1930)

Ganz im Gegensatz dazu steht die konkrete Malerei. Der Begriff entstammt dem Vorschlag Theo van Doesburgs, der der konstruktivistisch orientierten holländischen Gruppe Stijl zugehörte. Anstelle der Bezeichnung „abstrakt“ sollte der Begriff angewendet werden auf Bilder, die aus einem rational dominierten Herstellungsprozeß, einer Bildkonstruktion mit „konkreten“ Mitteln wie Linie, Farbe und Form hervorgegangen sind. Kennzeichnend dafür sollte kein abstrahierendes Vorgehen mit einem Natureindruck als Ausgangspunkt sein, sondern der unmittelbare Umgang des Künstlers mit den bildnerischen Mitteln Fläche, Linie, Volumen, Raum und Farbe nach mathematisch wissenschaftlichen, jedenfalls logischen Gesetzmäßigkeiten. Insofern sind Beziehungen und Überschneidungen zum Konstruktivismus offensichtlich.

Die Auswirkungen dieser Richtung führen bis in die jüngste Zeit. Vor allem Künstler der jüngeren Vergangenheit betonen das mathematisch-exakte Moment bei der Erforschung von Form- und Farbproblemen, die zu Bildgestaltungen im Sinne von Versuchsreihen führen (MAX BILL, JOSEF ALBERS). In den sechziger Jahren entstand als Reaktion auf die lyrischen, intuitiven Tendenzen des abstrakten Expressionismus die Rich-

Josef Albers: Homage to the Square: Silent Hall (1961)

tung **Hard edge** (engl., = „scharfe Kante"), in der einfache geometrische oder organische Formen rein flächig dargestellt und durch harte Kanten voneinander abgegrenzt sind. Sie zeichnet sich aus durch eine streng gegliederte Komposition, die klar definierte, zumeist geometrische Formen sehr sparsam verwendet und mit leuchtenden, kräftigen Farben ausstattet. Ihre präzise Ausführung in der Konstruktion wie im makellos glatten Farbauftrag (wie bei FRANK STELLA) läßt keine künstlerisch-individuelle Handschrift mehr erkennen.

Op-art (ca. ab 1955)

Von den gleichen Grundlagen bestimmt war die Op-art (Abk. für engl. „Optical art" = optische Kunst). Sie machte sich die Trägheit des menschlichen Auges zunutze. Verschiedene Stimulationen des Auges führen zu unterschiedlichen visuellen Effekten. Auf diese Weise werden Sinnestäuschungen ausgelöst wie etwa die Illusion einer Bewegung, simultane Farbwirkungen, Nachbilder, Spiegelungen und Verwirrungen. So liegt die Bedeutung der Op-art weniger beim einzelnen Kunstwerk selbst, sondern vielmehr bei seiner Wirkung auf den Betrachter, der optischen Täuschung. Häufig bilden geometrische Muster und Farbabstufungen die Grundlage solcher Bilder, zum Beispiel bei jenen VICTOR DE VASARÉLYS. Vereinzelt finden sich jedoch auch gegenständliche Varianten.

Victor de Vasarély: Opus 3 (1969)

Neue Figuration (ca. ab 1959)

Der Begriff entstammt dem gleichnamigen Buchtitel des Malers und Kritikers HANS PLATSCHEK (München, 1959). Die Neue Figuration ist ein Sammelbegriff für jede Art nicht abstrakter, figürlicher Malerei nach dem Zweiten Weltkrieg. Zwischen 1945 und dem Anfang der sechziger Jahre hatten abstrakte Tendenzen die internationale (westliche) Malerei dominiert. Eine Vielzahl verschiedener Richtungen ungegenständlicher Kunst hatte in dieser Zeit teils sich gegenseitig abgelöst, teils nebeneinander existiert. Als Reaktion auf diese Dominanz abstrakter Richtungen entstand am Ende der fünfziger Jahre beim Publikum und bei Künstlern ein neues Bedürfnis nach wiedererkennbaren Bildgegenständen. Dieses Bedürfnis bildete die Grundlage für die erneute Verbreitung figurativer Motive in der Malerei. Zur Neuen Figuration gehören die Künstler der Pop-art, der verschiedenen Formen eines neuen Realismus sowie Künstler, die sich in keine Richtung einordnen lassen. Daher können sich einzelne Varianten sehr stark unterscheiden. In die nun bevorzugten bildnerischen Techniken floß die Erfahrung moderner Realität sowie die Verwendung neuer Materialien ein. So benutzt etwa Robert Rauschenberg neben abstrakten Elementen auch Illustriertenfotos. So entstandene Malereien verbindet er mit dreidimensionalen, vorgefertigten Gegenständen. Zum Beispiel gestaltete er Bildteile, die den Umraum des Bildes einbezogen. Großzügige Pinselspuren können über ein Bild hinausführen und sich auf einem davor aufgestellten Stuhl fortsetzen. Oder ein gebrauchter Konsumgegenstand, etwa ein Radio, ist mittels einiger Kabel an das darüber aufgehängte Bild angeschlossen. Eine solche Verbindung von Malerei und plastischen Gegenständen oder Objekten, **Combine-painting** genannt, knüpft an Collagetechniken der Dadaisten an und wird ebenso wie Rauschenbergs Idee, Motive des banalen Alltags in seine Bildwelten mit aufzunehmen, zu einem wesentlichen Gestaltungsprinzip in der Pop-art.

Pop-art (ca. ab 1960)

Herkunft und Bedeutung des Begriffes sind nicht ganz geklärt. Eine Version leitet sie von einem Bild des englischen Malers Richard Hamilton ab, wo das Wort „Pop" auf einem Tennisschläger erscheint und auf das typische Geräusch des Tennisspiels hinweisen soll. Der britische Kunstkritiker Lawrence Alloway soll darauf Bezug genommen und damit der Richtung den Namen gegeben haben. Eine andere Deutung leitet den Begriff vom englischen „popular" (populär) ab, da die Motivwelt der Pop-art der Alltagsrealität entnommen ist.

Richard Hamilton: Just what it is that makes today's home so different, so appealing? (1956)

Roy Lichtenstein: Whaam! (1963)

Die Pop-art verstand sich als eine Reaktion auf die Ungegenständlichkeit des abstrakten Expressionismus. Entsprechend einer Forderung, nach der die „Grenzen zwischen Kunst und Leben“ niedergerissen werden sollten, erklärten die Künstler der Pop-art die banale Umwelt der modernen Konsumgesellschaft für bildwürdig. Jeder beliebige Gegenstand des alltäglichen Lebens wurde darstellenswert. Grelle Farbzusammenstellungen, große Formate, gefällig stilisierte Bildmotive wurden bevorzugt. Sie wiesen auf eine Ästhetik hin, die entsprechend Herkunft und Werdegang der meisten Pop-art-Künstler stark an der Werbung orientiert ist.

Der massenhaften Verbreitung sowohl von Waren wie auch von Filmbildern entsprach Andy Warhol mit Serienbildern, zum Beispiel von Suppenbüchsen, aber auch Filmstarporträts. Die einer billigen Drucktechnik entsprungenen Rasterpunkte auf einem Comicstrip wurden zu einem „Markenzeichen“ für die Bilder Roy Lichtensteins. Er verwendete sie in starker Vergrößerung als Strukturelement in seiner sonst flächigen Malweise. Sie sollten aber auch hinweisen auf die Herkunft seiner besonders typischen, der Sprechblasenbilderwelt entsprechenden Bildmotive. Ein besonders typisches Beispiel dafür ist sein Bild Whaam!, das im Original das imponierende Ausmaß von 173 × 406 cm aufweist. Formal handelt es sich um eine stilisierende Vereinfachung des abgebildeten Vorgangs, wobei das Bild eher einer monumentalen kolorierten Zeichnung denn einer Malerei ähnelt. Schwarze Linien umgrenzen und gliedern die Formen. Im Aufbau entspricht das Bild dem Schema eines Satzes: In Leserichtung ist der Angreifer – die zerstörende Tätigkeit –

Andy Warhol: Campbells Suppendose (1965)

der Zerstörte (analog Subjekt – Prädikat – Objekt) angeordnet. So wird der Ablauf eines ganzen Vorgangs in einer Darstellung zusammengefaßt: Angriff – Beschuß – Explosion. Andere Bildelemente stellen Zeichen für abstrakte Werte dar, oder sie sind Metaphern einer Bildsprache, die Begriffe wie Geschwindigkeit, Geräusch, Gedanken oder Zerstörung in konkrete, visuell erfahrbare Gestalt umsetzt. Durch diese Darstellungsweise wird das Gesamtthema „Kampf", „Vernichtung" zum Klischee eingeforen, wie im Detail auch die Explosion zum Blütenornament gerinnt. Die Simplifizierung des dargestellten Sachverhalts ist Merkmal des Stils in einem Comic-Strip, den Lichtenstein hier thematisch verallgemeinert, stilistisch aber verdichtet hat, gemäß seinem Kommentar: „Ich wähle üblicherweise keine Motive, die überwältigende Aussagen enthalten, sondern jene, die lediglich klassische Archetypen ihrer Art zu sein scheinen."
So gibt er denen nicht recht, die der Pop-art zuweilen kritische Absichten unterstellen. Auch Andy Warhol war der Ansicht, daß die Malerei nicht Botschafter höherer Werte und Ziele sein könne. Pop-art ist eher eine Kunst, die für sich selbst Reklame macht, als eine Kunst, die die Reklame haßt (Robert Rauschenberg). Europäischen Künstlern war die amerikanische Form der Pop-art nicht intellektuell genug. Im Gegensatz zu den Amerikanern neigten sie zu mehr kritischem Engagement.

Neuer Realismus (ca. ab 1960)

Der Begriff des Realismus ist immer unscharf gewesen und verschieden interpretiert worden. Der hier gemeinte hat mit der von Gustave Courbet verkörperten Epoche und auch mit der Realismusdefinition Georg Schmidts (s. S. 25) nichts zu tun. Er entstammt der französischen Bezeichnung „Nouveau Realisme" zur Kennzeichnung einer Gruppe von Künstlern, zu der ARMAN, YVES KLEIN, DANIEL SPOERRI sowie JEAN TINGUELY gehörten, und die als europäische Parallele zur amerikanisch-englischen Popszene in Erscheinung trat. Sie setzten Abfallprodukte der Zivilisation, reale Gegenstände selbst, anstelle ihrer bloßen Abbildung in **Akkumulationen** und **Assemblagen** ein.

Arman:
Akkumulation von Kannen (1961)

Fotografischer Realismus, Hyperrealismus (ca. ab 1970)

Der fotografische Realismus ist eigentlich ein fotografischer Naturalismus, da es hier um die exakte Wiedergabe der äußerlich sichtbaren Erscheinungen geht. Zur überscharfen – hyperrealistischen – Wiedergabe von Motiven des Alltags (zum Beispiel Autos, Schaufenster, Reklameschriften) bedient sich der Künstler fotografischer Vorlagen. Seit dem 19. Jahrhundert haben Künstler Fotos als Hilfsmittel benutzt. Hier ist neu, daß die Fotografie selbst als „sekundäre Wirklichkeit" zum Bildmotiv wird. Dabei verzichtet der Künstler auf eine eigene, individuelle malerische Handschrift und legt so eine Distanz zwischen sich und sein Bild. Sujets, die typische Szenen aus dem „American way of life" (chromblitzende Autos, Reklametafeln, Hollywoodstraßen) vorführen, werden von RALPH GOINGS, DON EDDY, RICHARD ESTES und ROBERT COTTINGHAM bevorzugt. Daneben finden sich aber auch Beispiele, bei denen es um Wahrnehmungsprobleme geht, wie bei HOWARD KANOVITZ, MALCOLM MORLEY und CHUCK CLOSE.

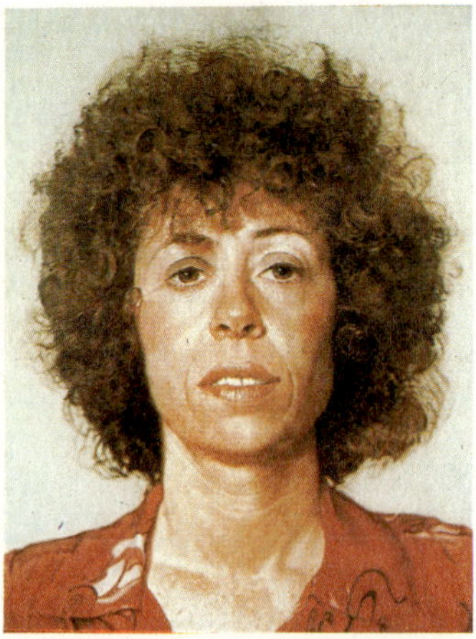
Chuck Close: Linda (1975/76)

Phantastischer Realismus (ca. ab 1945)

Der in der Mitte der fünfziger Jahre geprägte Begriff des phantastischen Realismus bezieht sich auf eine Gruppe von Malern vor allem in Wien, die WIENER SCHULE DES PHANTASTISCHEN REALISMUS, die sich ohne ein gemeinsames Programm vor allem an alten Meistern schulten. Ihre Malerei ist losgelöst von den Haupttendenzen zeitgenössischer Kunstströmungen, arbeitet die gesamte Bildfläche mit technischer Raffinesse sehr fein aus und entwickelt einen teils dekorativen, teils psychologisierenden Stil, in den auch surrealistische Elemente einfließen. Wenngleich zwischen Surrealisten und phantastischen Realisten Ähnlichkeiten in bezug auf die Stilmittel bestehen, sind die Maler der Wiener Schule sehr darum bemüht, ihre Arbeit durch Vernunft zu kontrollieren. Magisch-phantastische Inhalte und Bildmittel dienen hier nur zur Verfremdung subjektiv empfundener, aber rational kontrollierter Bildthemen. Die Bezüge und Assoziationen reichen auf diese Weise bei RUDOLF HAUSNER in eine psychologische und philosophische, bei ERNST FUCHS in eine historische und theologische Richtung. Bei FRIEDENSREICH HUNDERTWASSER überwiegen (im malerischen Teil seiner Arbeit) dekorative Aspekte.

Magischer (symbolischer) Realismus (ca. ab 1960)

Ernst Fuchs: Malach (1961–63)

Der Begriff „magischer Realismus" wurde schon 1924 für die zum Beispiel durch Carl Grossberg und Franz Radziwill vertretene Richtung der Neuen Sachlichkeit gebraucht. Die hier gemeinte Richtung entfaltete sich in der Nachfolge der schon in den vierziger Jahren durch Bruno Goller entwickelten Ansätze. Die Künstler des magischen oder symbolischen Realismus verwenden Formen, die zwischen figurativem und phantastischem Realismus angesiedelt sind. Ihnen geht es nicht nur um die Erkennbarkeit sehr naturnah dargestellter Gegenstände, sondern auch darum, ihren Bildthemen darüber hinaus eine symbolische oder magische Bedeutung zu verleihen. Ähnlich ihren Wegbereitern der Neuen Sachlichkeit wählen sie bekannte Objekte aus einer Umwelt, die jedermann kennt, und stellen diese mit Hilfe von Fotografien detailgetreu dar. Bekannt werden in Deutschland vor allem der Goller-Schüler Konrad Klapheck und die Gruppe Zebra (Asmus, Nagel, Petrick). Magische Wirkungen sind auch zu finden in den überdimensional vergrößerten Fingerdarstellungen des Lambert Maria Wintersberger sowie in den leeren,

Konrad Klapheck: Athletisches Selbstbildnis (1958)

Fernando Botero:
Rubens und seine Frau (1965)

streng perspektivisch aufgebauten, gekachelten Innenarchitekturen HANS-PETER REUTERS. JOHANNES GRÜTZKE demonstriert in seinen auf Personen bezogenen Darstellungen den Prototyp des naiv begeisterten Mitläufers. Der kolumbianische Künstler FERNANDO BOTERO stellt in einer altmeisterlichen Maltechnik aufgeblasen erscheinende, dickleibige Figuren wie Monumente einer degenerierten Bürgerlichkeit dar.

Neoexpressionismus, Neue Wilde (ca. ab 1965)

Der Begriff „Neoexpressionismus“ deutet hin auf die Ursprünge im deutschen Expressionismus nach dem Ersten Weltkrieg. In den sechziger Jahren entstand in Deutschland als eine Antwort auf die vorherrschenden Strömungen abstrakter Kunst eine Richtung, die gegenständliche Inhalte mit expressiven Zügen darstellt. In seinen Bildern nimmt GEORG BASELITZ Bezug auf die Maler der „Brücke“. Wirkungen seiner Bilder verfremdet er, indem er sie auf den Kopf stellt. Er will sich damit, weniger abgelenkt durch die Form seiner Motive, stärker den eigentlich malerischen Problemen, wie der Organisation von Form und Farbe auf der Bildfläche, widmen können.
Anläßlich einer gemeinsamen Ausstellung wurden die Künstler dieser Richtung 1979 in Anspielung an die Fauves Neue Wilde genannt. Die Maler dieser Richtung betonten eine starke Farbigkeit, gepaart mit motorisch-vehementem Malgestus. Dennoch sind die Neuen Wilden in ihrer Malweise wie auch in ihren Absichten so verschieden, daß man von einem einheitlichen Stil kaum reden kann. Immerhin erreichten die unter diesem Sammelbegriff arbeitenden Maler wie MARKUS LÜPERTZ, KARL HORST HÖDICKE und MARTIN DISLER am Anfang der achtziger Jahre eine beherrschende Stellung auf dem internationalen Kunstmarkt.

Martin Disler: Ermordung einer Schwangeren (1982)

Malerei der Gegenwart

Die aktuelle Kunst wird von pluralistischen Tendenzen gekennzeichnet. Vielen Richtungen gemeinsam ist jedoch ihre offene Form, die fließende Übergänge zwischen den hergebrachten Kunstgattungen erlaubt. Dabei steht die herkömmliche Malerei immer weniger im Mittelpunkt. Entsprechend der von JOSEPH BEUYS geforderten „Erweiterung des Kunstbegriffs" werden die künstlerischen Mittel ausgedehnt auf früher nicht bekannte oder verwendete Bereiche. Bei der Gestaltung von Kunstwerken (die diese Bezeichnung nicht unbedingt beanspruchen), bei der Herstellung von Objekten und im Ablauf kreativer Prozesse werden Umraum, Bewegung, Licht, physikalische und chemische Vorgänge, Video und Fernsehen sowie Objekte und Materialien unterschiedlichster Art verwendet oder hergestellt. Eine Vielzahl von Begriffen wie **Happening**, **Performance**, **Land-art**, **Spurensicherung**, **Videokunst**, **Körperkunst** und **Konzeptkunst** versucht, diesen Ausdehnungen gerecht zu werden.
Bei der Konzeptkunst wird das künstlerische Werk nicht mehr materiell erschaffen, sondern es existiert nur in der Idee seines Schöpfers und wird allenfalls durch Texte, Pläne, Skizzen und Fotos beschrieben.
Ein malerischer Stil, der im gleichen Maß wie in der Achitektur und auch im Design unter dem Stichwort Postmoderne klar definierbar wäre oder eine ähnliche Vebreitung gefunden hätte, ist nicht zu erkennen. Der Begriff ließe sich verwenden höchstens als eine Sammelbezeichnung für eine Reihe miteinander verwandter Kunsttendenzen, die neben anderen Strömungen der achtziger Jahre existieren. Ihnen gemeinsam sind Zitate aus der Kunst- und

Kulturgeschichte, in Verbindung mit der Wiederentdeckung alter Mythen, eigenen Theorien, Anschauungen, Geschichtsbeurteilungen und Gefühlen. Die amerikanische Variante New Image Painting verzichtet im Gegensatz zu den Malern europäischen Ursprungs zumeist auf Zitate aus Kunstgeschichte und Mystik. Obwohl die Bilder sowohl gegenständliche wie ungegenständliche Darstellungsweisen aufgreifen und zum Teil in sich vereinen, sind doch zumeist Motive erkennbar, die dem Alltag entnommen sind.

Graffiti (ca. ab 1980)

Die ersten Graffiti entstanden in der New Yorker U-Bahn. Dort besprühten arbeitslose Jugendliche Anfang der achtziger Jahre die Wagen, häufig als Ausdruck ihres sozialen Protestes. Heute sind die typischen, von der Sprühdose geprägten Formen und Farben längst in Kunstwerke aufgenommen, die vom internationalen Kunstmarkt vertreten werden. Die Verwendung des neuen technischen Mittels Sprühdose führt zu einer bildnerischen Ausdrucksform, die im wesentlichen von Phantasie und Spontaneität bei einer raschen Ausführung geprägt ist. Charakteristisch ist die Integration einfacher Buchstaben und Zeichen als wesentliche Bildbestandteile. Ursprünglich stellten solche Zeichen Kürzel für Namen und Spitznamen der Künstler dar, die sich mit ihrem Autogramm an U-Bahn-Wagen und öffentlichen Plätzen zu „verewigen“ suchten. Dabei sind Ähnlichkeiten mit Gestaltungsformen im Comic offensichtlich.

Keith Haring: Graffiti (Ausschnitt)

Die Abiturprüfung

Abiturprüfungen sind nicht grundsätzlich anders als die mündlichen und schriftlichen Lernkontrollen, die Sie aus ihrer bisherigen Schullaufbahn kennen. Die Unterschiede liegen eher im strengeren formalen Ablauf als im inhaltlichen Anspruch. Sie als Kandidat in der Abiturprüfung sollen nicht etwa einen um Klassen höheren Schwierigkeitsgrad als bisher bewältigen, sondern eine dem Niveau der letzten Klausur vergleichbare Problemstellung möglichst ohne die bisherigen Mängel im Inhalt, aber auch im Aufbau (Gliederung) sowie im Sprachlichen (Formulierung, sprachliche Richtigkeit) lösen und dabei zeigen, daß Sie das Problemfeld sicher beherrschen. Man erwartet von Ihnen, daß Sie nicht nur Gelerntes wiedergeben können, sondern in der Lage sind, Ihr Wissen selbständig in neuen Zusammenhängen anzuwenden und mit eigenen Überlegungen zu verknüpfen.

Die Aufgabenstellung wird im Prinzip dem entsprechen, was Sie in Klausuren oder Kursarbeiten zuvor kennengelernt haben. Bei der mündlichen Abiturprüfung wird von Ihnen erwartet, daß Sie das Problem in der Form eines kleinen Vortrags ausführen und lösen. Dafür sollten Sie sich während Ihrer Vorbereitungszeit eine Gliederung erarbeiten und in Stichworten aufschreiben. Verzichten Sie auf den Versuch, einen zusammenhängenden Text vorzuformulieren. Dafür ist erstens die Zeit zu kurz, und zweitens würden Sie bei eventuellen Nachfragen des Prüfers aus dem Konzept geraten und den Anschluß nur mühsam wiederfinden. Darüber hinaus werden Ihre Prüfer einen nur auf Stichworten aufgebauten freien Vortrag, auch wenn er einige Formulierungsmängel enthält, einem abgelesenen Text vorziehen.

Rückfragen und Zwischenfragen des Prüfers sollten Sie nicht irritieren. Sie dienen der Klärung eines Sachverhalts, können für Sie aber auch eine Gelegenheit sein, den Umfang Ihrer Kenntnisse eventuell über die gestellte Aufgabe hinaus zu demonstrieren. Solche Fragen sind nicht ungewöhnlich und können ein routinemäßiges Verfahren Ihres Prüfers sein, um von Ihrem Vortrag zu einem Prüfungsgespräch zu kommen.

Schriftliche Abiturprüfungen stellen sich für Sie ähnlich dar wie bisher die gewohnten Klausuren oder Kursarbeiten. Der Ablauf der Prüfung selbst wird korrekter sein als gewohnt, nicht nur im Hinblick auf etwaige Täuschungsversuche, die strenge Konsequenzen zur Folge haben. So sollten Sie sich auch im klaren darüber sein, daß man Ihnen nach Ablauf der zur Verfügung stehenden Zeit nicht großzügig Gelegenheit geben wird, noch in Ruhe zu Ende zu schreiben. Sie müssen sich Ihre Zeit gut einteilen.

Aus ihrem Kunstunterricht kennen Sie die beiden Wege, auf denen man sich üblicherweise den Themen des Faches nähert und die normalerweise nebeneinander beschritten werden. Die Begriffe Produktion (für die praktische Arbeit) und Reflexion (für den theoretischen Anteil) kennzeichnen den Charakter dieser beiden Wege. Sie haben auch Eingang gefunden in die verschiedenen Aufgabenarten, die für eine Abiturprüfung vorgesehen sind. Im wesentlichen kann man drei Gattungen solcher Prüfungsaufgaben unterscheiden:

a) die Aufgabenstellung mit praktischem Schwerpunkt;
b) die gemischte Aufgabenstellung, bei der sowohl praktische als auch theoretische Leistungen verlangt werden. Die Anteile dieser Leistungen können ausgeglichen, aber auch unterschiedlich bemessen sein;
c) die Aufgabenstellung mit theoretischem Schwerpunkt: Dabei wird eine analysierende Auseinandersetzung etwa mit Kunstwerken erwartet. Die Aufgabenstellung kann sich auch auf Aussagen, Thesen, Theorien oder Fragen beziehen, die in einem anderen Zusammenhang in Ihrem Kunstunterricht eine Rolle gespielt haben. Das Aufschlüsseln von Aspekten des zu untersuchenden Objekts oder Texts soll Material liefern für eine argumentative Auseinandersetzung mit dem Ziel, daß Sie eine eigene Stellungnahme begründet vertreten können.

Aufgabenstellungen, die aus dem hier behandelten kunstgeschichtlichen Themenbereich entwickelt sind, gehören normalerweise zu der letztgenannten Kategorie. Eine auf diese Aufgabenart bezogene Arbeit wird sich in der Regel auf eine rein schriftliche (oder mündliche) Darstellung beschränken. Hier gelten alle Gesichtspunkte, die auch in einem Deutschaufsatz wichtig sind.
In der Regel werden Ihnen die bisherigen Klausuren oder Kursarbeiten Hinweise darauf geben, welche Aufgabenart Sie auch im Abitur erwartet. Bei einem im Verlauf der Oberstufe stark theoretisch orientierten Kunstunterricht werden Sie im Abitur keine rein praktische Aufgabe lösen müssen und umgekehrt. Bei allen Aufgabenarten müssen Sie nachweisen, daß Sie über Sachwissen und Kenntnisse entsprechend den bisherigen Unterrichtsinhalten verfügen. Weiterhin müssen Sie zeigen, daß Sie diese Kenntnisse auf unbekannte Beispiele beziehen und in neuen Zusammenhängen anwenden können.
Auf jeden Fall können Sie den Wert ihrer Darstellung erheblich verbessern, wenn Sie zuerst eine sinnvolle inhaltliche Gliederung erstellen. So lassen sich die einzelnen Teile der Arbeit logisch aufeinander beziehen, und es gelingt besser, eine Argumentationskette schlüssig aufzubauen.
Besonders hier (aber auch bei den anderen Aufgabenarten) wird die sichere Verwendung des fachspezifischen Vokabulars von Ihnen erwartet. Es wird häufig als schwierig empfunden, visuell erfahrene Eindrücke in Worte zu fassen. Dies fällt um so leichter, je mehr dafür geeignete Begriffe und Redewendungen verfügbar sind. Wenn Sie im vorliegenden Band nicht nur versucht haben, die kunstgeschichtlichen Zusammenhänge und Entwicklungen zu verstehen, sondern auch darauf geachtet haben, mit welchen Formulierungen solche Zusammenhänge dargestellt oder ein Werk beschrieben wurde, werden Ihnen solche Begriffe und Redewendungen in ausreichendem Umfang zur Verfügung stehen. Falls Sie das nicht getan haben, lesen Sie die Teile, die den Themen Ihres Kunstunterrichts nahekommen, noch einmal gründlich, und erstellen Sie gegebenenfalls eine Liste mit Ihnen bisher nicht

geläufigen Begriffen. Versuchen Sie, diese so oft wie möglich beim mündlichen oder schriftlichen Wiederholen eines Abschnitts anzuwenden.
Auf jeden Fall ist es besser, auch unter dem Zeitdruck einer Prüfungssituation eine Weile über eine wirklich treffende Formulierung nachzudenken, als den gleichen Sachverhalt mit verschiedenen Umschreibungen in mehreren Sätzen unnötig langatmig auszudrücken. Für die Bewertung Ihrer Arbeit ist (neben der Selbständigkeit Ihres Denkens) die Qualität und Vollständigkeit Ihrer Argumente, nicht die Länge des Textes ausschlaggebend.
Nachfolgend finden Sie zwei Beispiele für kunstgeschichtlich orientierte Aufgabenstellungen der Aufgabenart c) mit dazugehörigen Arbeiten, die man durchaus als musterhafte Lösungen ansehen kann. Sie sollen Ihnen zeigen, welche Anforderungen Sie erwarten können und wie man ihnen begegnen kann.
Dabei handelt es sich um Beispiele aus der Malerei, weil diese üblicherweise besonders häufig gewählt werden. Sollte Ihr Unterricht bisher jedoch stärker auf andere Gattungen Bezug genommen haben, müssen Sie sich überlegen, wie Sie die hier genannten zu untersuchenden Gestaltungselemente zum Beispiel auf die Architektur oder die Plastik übertragen können.

Aufgabe:

> *„Jede Zeit hat ihr eigenes Formenrepertoire, in dem die jeweils dominierende Auffassung von künstlerischer Tätigkeit zum Ausdruck kommt. Darstellungen von Menschen geben darüber unmittelbar Auskunft.*
> *Zeigen Sie dies bei einer Analyse des Bildes ‚Heinrich IV. empfängt das Bildnis der Maria de' Medici' von Peter Paul Rubens."*

Lesen Sie zuerst den Aufgabentext genau durch. In der Regel steht kein Wort ohne Grund dort, jedes hat eine Bedeutung für die von Ihnen erwartete Lösung. Eine mögliche Komplikation kann sein, daß die Aufgabe mit anderen Begriffen formuliert ist, als Sie es bisher gewohnt waren.
Abituraufgaben (und nicht nur die) sind häufig etwas feierlich formuliert, zumindest sollen sie anspruchsvoll wirken. Ihr erstes Problem ist, den „harten Kern" der Aufgabe unter der eindrucksvollen Verkleidung hervorzuholen. Dazu müssen Sie nicht unbedingt lange grübeln. Wenn Ihnen der Text Ihrer Aufgabe übergeben wird, haben Sie zumeist Gelegenheit, solche Verständnisfragen zu klären. Scheuen Sie sich nicht, Ihrem Prüfer auch scheinbar banale Fragen zu stellen. Vergewissern Sie sich, daß Sie alles richtig verstanden haben, späteres Nachfragen ist oft nicht mehr möglich.
Der Kern dieser Aufgabenstellung besteht darin, daß gesagt wird: In unterschiedlichen Epochen hat es jeweils andere Auffassungen (oder auch: Zweckbestimmungen) von Kunst gegeben, und diese Auffassungen haben Einfluß genommen auf stilistische Merkmale dieser Zeit. Das kann man sehen an der Art und Weise, wie Menschen dargestellt wurden. Sie sollen jetzt das vorgegebene Bild untersuchen.
Wie man ein Bild „analysiert", werden Sie gelernt haben. Hier sind noch einmal die wichtigsten Schritte eines möglichen Vorgehens beschrieben:

I. Äußere Beschaffenheit
Sie stellen kurz fest, was offensichtlich ist.
Nennen Sie das Format, die Bildgattung, die Technik (soweit das bei einer Reproduktion festzustellen ist). Äußern Sie eventuell Ihren ersten spontanen Eindruck.

II. Betrachtung und formale Analyse
Sie machen eine Bestandsaufnahme dessen, was Sie sehen.
1. Kurzbeschreibung, Flächen und Formen, Anordnung: Nennen Sie wesentliche Einzelteile, und beschreiben Sie ihr Zusammenwirken auf der Bildfläche. Gibt es dominierende Richtungen im Bild? Wie ist die Fläche aufgeteilt? In welchem Verhältnis stehen die Einzelteile zueinander? Sind Ordnungsstrukturen vorhanden (zum Beispiel Symmetrie, Reihung, Rhythmus etc.)? Kann man Kompositionsfiguren erkennen (Dreieck, Kreis, Oval etc.)?
2. Farben und Tonwerte: Nennen Sie die wesentlichen Farbtöne bzw. Tonwerte (Helldunkelwerte). Beschreiben Sie ihre Beziehungen untereinander. Sind die verwendeten Farben verwandt, vielleicht sehr nahe verwandt (monochrom)? Gibt es Farbkonstraste? Ist die Farbwirkung dadurch harmonisch oder dissonant? Gibt es Helligkeitsunterschiede? Spielt Licht eine Rolle? Wie ist es eingesetzt?
3. Raumwirkung: Bleibt die Darstellung auf die Fläche beschränkt, oder wirkt sie räumlich? Wie kommt die Raumwirkung zustande: durch Überdeckungen, Parallelperspektive, Zentralperspektive, Perspektive mit mehreren Fluchtpunkten, Farb-, Luftperspektive? Sind die Körper durch Licht und Schatten plastisch modelliert? Wo ist der Betrachterstandpunkt (Aufsicht, Untersicht, Augenhöhe)?
4. Darstellungsart: Wie hat der Künstler sein Motiv dargestellt? Ist es naturähnlich oder idealisiert, mit Betonung der malerischen Mittel, abstrahiert, expressiv, ungegenständlich wiedergegeben?

III. Interpretation
1. Werkimmanenter (dem Werk innewohnender) Zusammenhang
Sie versuchen zu deuten, was Sie sehen.
Was bedeuten die Einzelteile der Darstellung? Gibt es Symbole, Zeichen oder allegorische Gestalten auf dem Bild? Welche Bedeutung hat die jeweilige Wahl der einzelnen bildnerischen Mittel: Warum gerade diese Gestalt und Anordnung der einzelnen Formen? Welche Funktion hat die Verwendung der Farben: Gibt sie lediglich die Oberflächenerscheinung eines Gegenstands wieder, hebt sie einen Bildgegenstand besonders hervor, hat sie eine symbolische Bedeutung, verstärkt sie den Ausdruck der Darstellung im Ganzen? Welchen Hintergrund haben Aspekte der Raumwirkung? Gibt es Gründe für die Wahl der Darstellungsart, die für eine Interpretation interessant sein könnten?

Peter Paul Rubens: Heinrich IV. empfängt das Bildnis der Maria de' Medici (zw. 1622 und 1625)

2. Übergeordneter Zusammenhang

Sie bringen Ihre Deutungen in Zusammenhang mit den folgenden übergeordneten Aspekten und vervollständigen damit Ihre Interpretation.

a) biographischer Aspekt

Welche Stellung im Gesamtwerk des Künstlers nimmt das Werk ein? Sind Ihnen Umstände im Leben des Künstlers bekannt, die Einfluß auf die Entstehung genommen haben?

b) gesellschaftlicher Aspekt

Für wen wurde das Bild vermutlich geschaffen? Hatte es einen bestimmten Verwendungszweck? Welche Beziehung hat das Dargestellte zur Wirklichkeit? Wie war das historische Umfeld der Zeit, in der das Bild entstand?

c) kunsthistorischer Aspekt

In welche kunsthistorische Kategorie läßt sich das Werk einordnen? Welche Stellung nimmt es in bezug auf die Entwicklung der Malerei ein? Welche kulturelle Funktion erfüllt es heute?

IV. Stellungnahme

Sie stellen Ihre eigene Haltung gegenüber dem Werk dar.

Versuchen Sie, den Eindruck zu formulieren, den das Bild auf Sie ausübt, und geben Sie einen Kommentar dazu. Hat sich Ihre Haltung gegenüber dem Werk am Ende Ihrer Arbeit im Vergleich zu Ihrem ersten spontanen Eindruck verändert? Begründen Sie Ihre Meinungsänderung. In welcher Weise kann dieses Werk für einen heutigen Betrachter von Bedeutung sein?

Natürlich treffen nicht alle hier genannten Aspekte auf jedes Werk zu. Sie müssen in jedem Einzelfall neu entscheiden, welche davon jeweils eine besondere Rolle spielen und welche möglicherweise vernachlässigt werden können. Auch die Reihenfolge, in der diese Aspekte behandelt werden, ist veränderbar.

Auch kann man einen guten Aufsatz über ein Bild schreiben, ohne daß man nach der hier beschriebenen Methode vorgeht. Zum Beispiel ist es durchaus möglich, Betrachtung, Analyse und Interpretation zusammenhängend darzustellen. Das aber bedingt eine neue Gliederung, die Sie sich auf jeden Fall erstellen sollten, bevor Sie zu schreiben beginnen. In der Mehrzahl aller Fälle jedoch werden Sie mit einem Gliederungsschema wie dem hier dargestellten gut zurechtkommen.

Und jetzt ein Beispiel für eine gute Lösung dieser Aufgabe!

Bildanalyse

I. Äußere Beschaffenheit

„Es handelt sich um ein hochformatiges Bild, das vermutlich in einer traditionellen Technik (zum Beispiel Öl auf Leinwand) gemalt ist. Dargestellt

ist der König Heinrich IV. von Frankreich, umgeben von zahlreichen weiteren Figuren, bei der Betrachtung des Porträts einer Dame.
Obwohl das Bild sehr viele naturalistische Details aufweist, wirkt es auf mich nicht natürlich, weil auch der Himmel mit Figuren und Gegenständen angefüllt ist."

II. Betrachtung und formale Analyse
1. Kurzbeschreibung, Flächen und Formen, Anordnung:
„Zwei Engelsfiguren halten das gerahmte Porträt der Maria de' Medici in das Zentrum des Bildes. Etwa auf gleicher Höhe befindet sich rechts davon der Kopf Heinrichs, der sie betrachtet. Der König ist in ganzer Figur, bekleidet mit einer schimmernden Rüstung, dargestellt. Er trägt hohe Stulpenstiefel; der linke ist oben heruntergeklappt. So erkennt man am Knie einen weißen Verband, durch den etwas Blut gedrungen ist. Hinter ihm steht eine Frau, die ihm neugierig über die Schulter schaut. Sie trägt einen Helm mit Federbusch. Ihr Gewand ist mit Zeichen der Lilie geschmückt, es läßt den Busen frei und verbirgt an der Hüfte ein Schwert, dessen Griff hervorschaut. Links zu Füßen des Königs sind zwei Engelsfiguren (Putti) mit dem Transport eines Helms und eines Schildes beschäftigt. Über ihren Köpfen ist ein kleiner Ausblick auf eine entfernte Landschaft möglich. Zwei Rauchsäulen steigen auf, offensichtlich brennt es in einem Dorf. Im oberen Teil des Bildes schwebt über dem Porträt der Maria ein Paar in üppig fließenden Gewändern, das die Szene darunter betrachtet. Links neben der männlichen Figur dieses Paares ist ein Adler zu erkennen, rechts neben der weiblichen ein Pfauenpaar und ein Teil eines römischen Streitwagens.
Der Bildaufbau ähnelt einem Oval mit einem Punkt in der Mitte. Der Punkt ist das Gesicht der Maria auf dem ‚Bild im Bild', das Oval wird gebildet durch die Anordnung der Figuren um es herum. Obwohl waagerechte und senkrechte Linien vorhanden sind, dominieren doch die Diagonalen, zum Beispiel die von rechts unten durch Heinrichs Bein über das Porträt. Sie wird fortgesetzt durch den Flügel des Engels und verstärkt durch die Position, die der Körper der weiblichen ‚Himmelsfigur' einnimmt. Auch die gegenläufige Diagonale wird betont.
Dem Porträt der Maria kommt eine besondere Rolle zu, weil es durch die Komposition mehrfach betont wird: Es liegt in der Bildmitte, die zusätzlich besonders hervorgehoben wird durch die deutlich herausgearbeiteten Diagonalen, deren Schnittpunkt sie ist. Weiter verweist die Anordnung der übrigen Figuren im Oval um es herum auf seine Bedeutung. Die Blickrichtungen (des Paares im Himmel, des Königs und der Frau hinter ihm) haben die gleiche Wirkung."
2. Farben und Tonwerte:
„Das Bild ist insgesamt in warmen Farben gehalten. Eine Ausnahme stellt das dunkelblaue Kleid der Frauenfigur hinter Heinrich dar sowie der Hintergrund, in dem blaue, blaugraue und blaugrüne, also kalte Farbtöne vorherrschen.

Stärker als Farbkontraste wirken in diesem Bild die Unterschiede zwischen Hell und Dunkel. Hier sind kräftige Gegensätze zwischen stark beleuchteten und ganz im Schatten verborgenen Partien zu finden. Dabei erscheint die Beleuchtung künstlich, ausgeleuchtet wie bei einer Filmszene. Besonders hell wirkt das Gesicht der Maria, die dadurch ein weiteres Mal betont wird."

3. Raumwirkung:

„Durch die kräftigen Licht- und Schattenwirkungen werden die Körper sehr plastisch modelliert. Im übrigen kommt eine Raumillusion dadurch zustande, daß der Hintergrund unseren Sehgewohnheiten entsprechend perspektivisch verkleinert dargestellt ist und daß Luft- und Farbperspektive angewendet wurde: Im Hintergrund sind die Kontraste zwischen Hell und Dunkel gemildert und die kalten Farbtöne überwiegen. Da keine mit Fluchtpunkten konstruierte Perspektive zu erkennen ist, kann man die Augenhöhe des Betrachters nicht ganz genau bestimmen. Diese muß jedoch etwa in der Höhe des Horizonts liegen, also bei der Hüfte des Königs. Damit ist dessen Gesicht in Untersicht gesehen, er wirkt also recht groß."

4. Darstellungsart:

„Zwar hat der Künstler die Einzelheiten seines Bildes naturnah gestaltet. Die Rüstung des Königs, die übrigen Gewänder wie auch die nackten Körper sind detailreich ausgeführt, das unterschiedliche Material ist gut wiedergegeben. Jedoch schließen schon die schwebenden Figuren am Himmel aus, daß es sich um die wahrheitsgemäße Schilderung einer Begebenheit handelt. Vielmehr deuten diese ‚überirdischen' Zutaten darauf hin, daß hier eine geschönte, idealisierte Darstellung gegeben wird."

III. Interpretation

1. Werkimmanenter Zusammenhang

„In diesem Bild sind viele symbolhafte Teile zu finden. Das beginnt schon bei den Figuren, die außer dem König Heinrich IV. und der porträtierten Maria de' Medici vermutlich alle allegorisch sind, also Sinnbilder darstellen. Die Putti am Boden sind besonders typisch für Kunstwerke aus dem Barock, die knabenhaften Gestalten werden dort häufig in einer dem antiken Liebesgott Amor ähnlichen Weise verwendet. Auch bei den beiden engelhaften Trägern des Bildes der Maria wird es sich nicht um Engel im christlichen Sinn handeln, sondern um die Verkörperung von antiken Gottheiten, vielleicht der Liebe oder der Ehe. Denn daß es um ein solches Thema geht, läßt der Blick, die Mimik der beiden Hauptpersonen vermuten. Daß die allegorischen Figuren der antiken Welt entstammen müssen, wird weiterhin bewiesen durch das Paar im Himmel. Die liebevolle Gestik, mit der es verbunden ist, deutet auf ein Liebes- oder Ehepaar und schließt damit ebenso wie der entblößte Busen der Frau eine Deutung im christlichen Sinn aus. Da das Paar im Himmel, also über der Erde, und deutlich über allem anderen, auch über dem König, schwebt, kann es sich um die höchsten Götter der Antike handeln, um Zeus und seine Frau Hera. Der Adler neben Zeus sowie die Pfauen und der Wagen neben Hera sind vermutlich Symbole für

diese beiden, um sie eindeutiger zu kennzeichnen. Es bleibt die letzte Figur, die dem König über die Schulter schaut. Obwohl sie weiblich ist, trägt sie einen Helm und ist bewaffnet. Das läßt an den sagenhaften Stamm der Amazonen denken. Die kaum sichtbaren Liliensymbole auf der Kleidung erinnern jedoch an das Wappen der früheren französischen Könige, könnten also einen Hinweis auf das Land darstellen.
Im Zusammenhang aller Bildelemente scheint mir folgende Deutung möglich: Der König kommt aus dem Krieg, darauf verweist das brennende Dorf im Hintergrund und seine Rüstung. Daß er selbst auch tapfer gekämpft hat, ist an dem verwundeten, inzwischen aber mit einem Verband geschützten Knie zu erkennen. Da die Putti Teile der Rüstung und Waffen wegräumen, werden diese wohl nicht mehr gebraucht, ein Hinweis darauf, daß der Krieg zu Ende ist. Was den König jetzt interessiert, geht aus seinem Blick hervor. Es ist die abgebildete Frau. Vermutlich will er heiraten; es ist bekannt, daß sich früher die Kontaktaufnahme in solchen Kreisen über Mittelsmänner und mit Hilfe von Bildern abgespielt hat. Da ihm dieses Bild durch Gottheiten der Liebe dargeboten wird und sich diese Szene unter dem wohlwollenden Blick der höchsten Gottheiten überhaupt abspielt, muß auf dieser Verbindung ein besonderer Segen liegen. Da die Heirat eines Königs auch für sein Land bedeutsam ist, welches damit ja auch seine „erste Dame" bekommt, schaut ihm dieses Land in Gestalt der weiblichen Figur neugierig über die Schulter. Da es die kriegerischen Symbole (Helm und Schwert) noch nicht abgelegt hat, kann man entweder vermuten, daß noch immer nicht ganz Friede herrscht, oder daß es sich um ein starkes, wehrhaftes Land handelt."

2. Übergeordneter Zusammenhang

a) biographischer Aspekt

„Ob das Bild eine besondere Rolle im Leben des Malers gespielt hat, ist mir nicht bekannt. Es erscheint jedoch sowohl in der Art seiner repräsentativen, schwungvollen Inszenierung und auch durch sein Motiv als durchaus typisch für das Werk Rubens und dessen Zeit.

b) gesellschaftlicher Aspekt

„In Wirklichkeit wird sich die dargestellte Begebenheit natürlich nicht so eindrucksvoll und romantisch abgespielt haben. Man kann vermuten, daß die Liebe wohl die geringste Rolle spielt in einer Ehe, die durch Vermittler wahrscheinlich aus politischen Gründen angebahnt wurde und vor der man sich nur über ein wahrscheinlich geschmeichelt gemaltes Bild kennengelernt hat. Statt von einem Liebesgott wird das Bild wahrscheinlich von einem Minister gehalten worden sein, der die Dame als gute Partie angeboten und ihre Mitgift erläutert haben wird. Auch ist nicht sicher, ob der König selbst so eindrucksvoll ausgesehen hat, wie er hier erscheint. Die gewählte Sicht des Betrachters von unten läßt den Abgebildeten immer groß und stark erscheinen, wie nicht nur auf vielen alten Porträts, sondern auch heute in Filmen bei der Darstellung von ‚Helden' zu beobachten ist.
Der Künstler hat das Werk so gemalt, weil er den gezeigten Vorgang eindrucksvoller und wichtiger, aber auch schöner und romantischer zeigen

wollte, als er vermutlich war. Die vielen Götter geben der Szene einen überirdischen Glanz, der König wirkt durch die gewählte Sicht und die kostbar dargestellte Rüstung bedeutend und mächtig, durch die nebenbei zur Schau gestellte, nicht weiter beachtete Verwundung aber auch als tapferer Krieger. Die Maria de' Medici auf dem kleinen Bild befindet sich im Zentrum. Sie wird lächelnd und in kostbarer Kleidung gezeigt. Ihr Bild wird dem König von Göttergestalten präsentiert, und er schaut voller Bewunderung: So wirkt auch sie höchst eindrucksvoll. Daher ist es gut möglich, daß entweder sie oder er Auftraggeber dieses Bildes gewesen ist. Das heißt, es war wohl bestimmt für einen Palast, ein Schloß oder dergleichen. Es sollte dort Gäste und andere Besucher beeindrucken."

c) kunsthistorischer Aspekt

„An verschiedenen Indizien kann man erkennen, daß dieses Bild während der Zeit des Barock, und zwar des höfischen Barock (im Gegensatz zum bürgerlichen Barock der Niederlande) gemalt wurde. Zunächst kenne ich den Maler Rubens als Vertreter dieser Epoche. Typisch für eine barocke Bildkomposition ist, daß die Diagonalen betont sind und den Aufbau bestimmen. Ein weiteres Zeichen ist der starke Helldunkelkontrast. Trotz des ruhig stehenden Königs wirkt das Bild dynamisch und bewegt. Überall finden sich Schwünge und Gegenschwünge, d.h. fast jeder nach einer Seite gebogenen Linie ist eine andere mit umgekehrtem Bogenschwung gegenübergestellt. Die Haltung der Figuren ist gedreht, wie bei einer momentanen Bewegung. Selbst der König, der als Hauptperson einen „ruhenden Pol" darstellt, wirkt durch seine leichte Wendung zum Porträtbild hin nicht steif. Besonders im Himmel dominieren offene und fließende Formen. Die Gewänder wallen, üppige Faltenwürfe bringen Schwung besonders in die Figur der Hera. Schwung und Dynamik kennzeichnen diese Epoche besonders. Die Putti gibt es zwar nicht nur im Barock, sie sind aber doch charakteristische Zutaten dieser Zeit.

Es handelte sich um das Zeitalter des Absolutismus. Bilder waren hier sehr oft eindrucksvolle Darstellungen von Macht und Einfluß. So ist der hier gezeigte Mensch Heinrich IV. nicht als Mann mittleren Alters bei einer alltäglichen Handlung dargestellt, sondern als eindrucksvolle Krieger- und Herrschergestalt, zu der man aufblickt. Sein Land steht vertrauensvoll hinter ihm, die Götter schauen wohlgefällig auf ihn herab. Auch Maria ist nicht morgens beim Aufstehen mit ungeordneten Haaren zu beobachten, sondern schön gekleidet und von einem König bewundert.

An diesem Bild kann man sehen, wie die Künstler im höfischen Barock repräsentative Bedürfnisse der Herrscher erfüllen. Rubens setzt dazu fast alle Stilmittel ein, die auch sonst die Malerei dieser Epoche kennzeichnen: eine gewisse Üppigkeit, die in der Gestalt besonders der Frauen, aber auch der Bildausstattung insgesamt zu finden ist (wallende Stoffe, goldglänzendes Metall, dramatischer Himmel, eleganter Pfau mit riesigem Rad), die schon beschriebene Art der Komposition, des Einsatzes der übrigen bildnerischen Mittel wie auch die Wahl des Motivs. So kommt also das dem Barock eigene

Formenrepertoire auch in dieser Menschendarstellung fast vollständig zum Ausdruck."

IV. Stellungnahme

„Nach meiner Meinung hat das Bild heute eine andere Bedeutung. Da wir die Personen, um die es geht, nicht weiter kennen und sie für unser Leben bedeutungslos sind, spielen Gesichtspunkte wie der, daß diese Leute mit Hilfe der Bilder ihren Ruhm oder auch Nachruhm mehren wollten, kaum eine Rolle. Auch wirkt die gezeigte Art, eine Liebesbeziehung anzubahnen, heute eher merkwürdig, wenn nicht komisch. Gleichzeitig ist sie aber auch so etwas wie eine Mitteilung über das Wesen der Gesellschaft, in der das wohl üblich war. Ich stelle mir vor, daß bei aller Pracht der Umgebung das Verhältnis der Leute untereinander doch recht roh und wenig einfühlsam gewesen ist.

Was dagegen noch immer beeindruckt, ist neben der Qualität der malerischen Ausführung die Art und Weise, wie hier trotz einer relativ strengen Kompositionsfigur (Oval mit Mittelpunkt) soviel Lebendigkeit und Bewegung erreicht wird. Alle Bildteile sind spannungsvoll miteinander verknüpft und aufeinander bezogen. Das bewirkt eine Ausdrucksfähigkeit des Bildes, die uns die Gedanken bzw. seelischen Regungen der dargestellten Figuren noch heute mitempfinden läßt – auch wenn sich diese Regungen nur in der hier vom Maler inszenierten Scheinrealität abspielen.

Ein weiterer Teil der Bedeutung, die das Bild heute hat, geht von der Person des berühmten Malers Rubens aus. Er steht wie kaum einer sonst für die ganze Epoche. Das Bild ist ein Zeugnis für sein Werk und die Zeit, in der er lebte.

Ein weiterer Aspekt, der mit einer künstlerischen Bedeutung des Bildes wenig zu tun hat, ist der von vielen Faktoren bestimmte Wert, den das Bild auf dem heutigen Kunstmarkt hat. Wäre es zu verkaufen, würden einige zehntausend Mark für einen Rubens wohl kaum reichen."

Dieses Beispiel einer Bildanalyse steht für Bilder, denen besonders viele inhaltliche Informationen zu entnehmen sind. Viele andere Bilder geben so viel an inhaltlichen Interpretationsmöglichkeiten nicht her (falls nicht weitere Informationen gegeben werden). Ihre Bedeutung besteht oft in einer besonderen Art der Bildauffassung, einer besonderen Vorstellung von Kunst oder in neu entwickelten Mal- und Sehweisen.

Oft werden Bilder einander gegenübergestellt, um an ihrem Vergleich das jeweils Typische besser erkennen zu können. Das nun folgende zweite Aufgabenbeispiel ist ein solcher Vergleich mehrerer Bilder. Gehen Sie im Prinzip ebenso vor: Die einzelnen Punkte Ihres Schemas zur Bildanalyse können Sie auch hier verwenden. Zumeist können Sie den Interpretationsanteil kürzer halten, weil die literarischen (erzählenden) Inhalte der Bilder in der Regel nicht im Vordergrund der Aufgabe stehen. Betonen Sie dagegen das Verschiedenartige, eventuell auch das Ähnliche sowohl bei der Wahl der bildnerischen Mittel wie auch bei der Darstellungsart und der Motivwahl.

Aufgabe:

„Das 19. und das 20. Jahrhundert sind gekennzeichnet durch ein breites Spektrum verschiedener Stilauffassungen, die sich zum Teil sogar in polarisierter Form gegenüberstehen.
Der Widerstreit der Meinungen drückt sich aus durch die Entwicklung unterschiedlicher künstlerischer Richtungen, die nun an die Stelle bisheriger ‚Epochen' treten.
1. Arbeiten Sie anhand eines Vergleichs der Bilder ‚Die Wäscherin' (Daumier), ‚Frau mit Schirm' (Monet), ‚Porträt einer jungen Frau' (Picasso) und ‚Marilyn Monroe' (Warhol) Unterschiede und Gemeinsamkeiten heraus.
2. Welche künstlerischen Richtungen werden durch diese Bilder repräsentiert? Welche charakteristischen Merkmale deuten darauf hin?"

Nach einer Einführung in den Rahmen der Aufgabenstellung werden Sie etwas umständlich zu einem Bildvergleich aufgefordert. Der Einführung entnehmen Sie, daß es sich um Bilder des 19. und 20. Jahrhunderts handelt. Außerdem geht es offenbar um unterschiedliche, zum Teil gegensätzliche Richtungen. Die Aufgabenstellung ist in zwei Teile gesplittet, die man auch zusammenhängend bearbeiten könnte. Offenbar sollen Sie aber die Bilder zunächst einmal unabhängig von jeder kunstgeschichtlichen Kategorisierung untersuchen: etwa so, wie es den Punkten I. (äußere Beschaffenheit) bis III. (Interpretation, ohne den kunsthistorischen Aspekt) des Gliederungsschemas „Bildanalyse" entspricht. Das ist angesichts der Zahl der Bilder natürlich nicht im gleichen Umfang wie beim vorigen Beispiel möglich, Sie müssen sich auf das wesentliche beschränken. Lösungsbeispiel:

Bildvergleich

1. Teilaufgabe

„Bei allen vier Bildern handelt es sich um Frauenporträts. Wahrscheinlich sind die drei früheren (von Daumier, Monet, Picasso) in herkömmlichen Maltechniken (zum Beispiel Öl oder Tempera) entstanden. Das letzte (Warhol) wirkt jedoch plakativ und könnte auch ein Druck sein.
Daumiers Bild zeigt eine Frau im Vordergrund, die die letzten Stufen einer Treppe heraufsteigt. Die Treppe kommt von einem Fluß, der den kaum sichtbaren Mittelgrund bildet. Offenbar hat die Frau dort Wäsche gewaschen, denn sie trägt ein Bündel von Stoffen und Kleidungsstücken unter dem linken Arm. Das Bündel scheint schwer zu sein, sie beugt sich zur anderen Seite, um einen Gewichtsausgleich herzustellen. Diese Körperbeugung kann jedoch auch dem kleinen Kind gelten, das sie rechts an der Hand führt. Der nur angedeutete Hintergrund zeigt Häuser über einer hohen Mauer, die den Fluß auf seiner anderen Seite begrenzt. Die Bewegtheit in der Körperhaltung der Figuren wird betont durch die sonst ruhigen geraden Linien. Nur die Umrisse der Hausdächer im Hintergrund fallen diagonal zur rechten Seite ab und

Pablo Picasso:
Porträt einer jungen Frau (1954)

Honoré Daumier:
Die Wäscherin (um 1863)

Andy Warhol: Marylin Monroe (1967)

Claude Monet:
Frau mit Schirm (1875)

verstärken damit die Linie, die Kopf und gebeugter Rücken der Frau bilden. Im Vordergrund dominieren dunkle Erdfarben. Im Hintergrund erscheinen ähnliche Farbtöne, allerdings viel heller. Durch den starken Kontrast erscheint die Figur der Frau fast wie ein Schattenriß. Auch dadurch wird ihre Körperhaltung hervorgehoben.
Die Darstellung wirkt räumlich, weil die Figur der Frau durch die Andeutung von Licht- und Schattenwirkung plastisch erscheint. Auch entsteht durch die gegenüber dem Vordergrund undeutlichere Darstellung des Hintergrundes eine Art Luftperspektive, die dem „Sfumato" ähnlich ist. Dennoch ist der Raum, in dem sich die gezeigte Szene abspielt, nicht mit allen dafür geeigneten Mitteln besonders herausgearbeitet. Offenbar war die Raumillusion kein wesentliches Anliegen des Malers. Seine Malweise ist auch sonst eher grob. Er verzichtet auf die Ausarbeitung von Details. Die Frau ist keine individuelle Person, hat keine erkennbaren Gesichtszüge. Die Kleidung ist lediglich angedeutet. Man kann nicht sehen, welcher Art der Stoff ist und wie er möglicherweise Falten schlägt.
Offensichtlich dienen alle im Bild angewendeten Mittel dazu, die Haltung der Frau zu betonen. Details der Kleidung oder der Umgebung hätten davon abgelenkt, daher fehlen sie. Es ist gerade so viel zu sehen, daß die Situation klar wird: Es handelt sich um eine einfache Frau, die am Fluß Wäsche gewaschen hat und diese jetzt nach Hause schleppt, wobei sie sich noch um das Kind kümmern muß. Ihre Haltung ist gebeugt, ihre Figur wirkt etwas plump, sie steht im Schatten. Die gleichen Erdfarben, mit denen der Boden und die Umgebung dargestellt werden, werden auch bei ihrer Figur verwendet. Dem Maler ging es nicht um eine bestimmte Person, sondern um den Typ einer einfachen Frau bei ihrer täglichen Arbeit.
Auch in Monets Bild beherrscht eine Frauenfigur den Bildraum. Sie steht im Vordergrund auf einem Stück Sommerwiese, der Hintergrund wird durch den Himmel gebildet. Über die Umgebung wird noch weniger mitgeteilt als im Bild vorher. Man sieht nur soviel: daß sich die Szene unter freiem Himmel abspielt und bei Sonnenschein. Der Bildaufbau ist einfach: im unteren Viertel das liegende Rechteck einer Wiese. Darüber ein annähernd quadratisches Bildfeld mit der Frauenfigur vor dem Himmel. Dieses Quadrat ist durch eine Diagonale von links oben nach rechts unten geteilt in ein Dreieck, in dem das Blau des Himmels dominiert, und ein anderes, in dem das Weiß der Wolken und der Kleidung überwiegt. Eine gegenläufige Diagonale bildet der Stock des Schirms mit seiner Verlängerung durch die linke Kontur des Rocks, wodurch zusammen mit dem Anstieg der Wiese nach rechts ein optischer Ausgleich bewirkt wird.
Helle bunte Farben bestimmen das Bild. Im Gegensatz zu Daumiers ‚Wäscherin' wird die Frau durch die Ähnlichkeit der Farben fast eins mit dem Hintergrund. Durch die Art, wie sie den Schirm hält, wird der Stand der Sonne durch den Schattenwurf auf ihrem Rock genau definiert, während Daumiers Bild Tageszeit und Art der Beleuchtung im ungewissen läßt.

Auch bei dieser Darstellung ist die Raumillusion nicht besonders wichtig. Dennoch bewirken Licht und Schatten, daß die dargestellte Szene plastisch und natürlich erscheint. Während Daumiers ‚Wäscherin' in Augenhöhe dargestellt ist (was den Betrachter auf die gleiche Ebene stellt), ist die Frau bei Monet von unten gesehen, man schaut zu ihr auf.
Monet betont die malerischen Mittel. Er hat die Farbe offenbar rasch aufgetragen und darauf verzichtet, die Oberfläche zu glätten. Daher bleibt sein Pinselstrich deutlich sichtbar. Wie bei Daumier wird auf die Ausführung von Einzelheiten verzichtet.
Das Gesicht der Frau liegt im Schatten des Schirms. Es ist nicht wie bei üblichen Porträts besonders betont, sondern wie bei Daumier kaum zu erkennen. Damit wird klar, daß auch hier keine bestimmte Person gemeint ist. Das bringt schon der neutrale Titel ‚Frau mit Schirm' zum Ausdruck. Gleichwohl wird Monet sicher ein Modell für die Szene gehabt haben, denn sie erscheint sehr lebendig und wie im Moment beobachtet. Auch geht es in diesem Bild nicht um die Tätigkeit der Frauenfigur, etwa ausgedrückt durch die Körperhaltung wie bei Daumier. Hier dient sie dem Maler lediglich als Studienobjekt für die atmosphärische Wirkung an einem Sommertag. An ihr zeigt er, wie das schräg einfallende Sonnenlicht Oberflächen plastisch erscheinen läßt und wie Reflexionen der bunten Blumenwiese farbige Schatten auf dem weißen Kleid bewirken.
Picasso hat sein Modell als Brustbild im Profil gemalt. Dabei hat er die Umrisse vereinfacht und durch wenige gerade oder großzügig geschwungene Linien ersetzt. Die Profilansicht ist nicht überall beibehalten, zum Beispiel ist das Auge wie frontal gesehen gemalt. Die Bildfläche ist durch die von der linken unteren Bildecke aufsteigende Diagonale in zwei Hälften geteilt. In der rechten befindet sich die Figur der Frau, die linke wird durch den nicht weiter ausgestalteten Hintergrund gebildet. Nur das Gesicht der Frau ragt in diesen sonst leeren Bildteil hinein. Die Gestalt der Frau selbst ist dagegen in eine Vielzahl einzelner Flächen zerlegt, die durch ihre entweder gerade oder in großem Schwung verlaufenden Umrißlinien konstruiert wirken. Sie weisen innen teils eine Struktur auf, teils sind sie aber auch nur mit einem gleichmäßigen Farbauftrag gefüllt. Nur kalte Farben werden verwendet: die Frau wird durch zwei Blautöne, eine grüne Fläche, grau und weiß dargestellt, wobei das gleiche Grau auch den Hintergrund füllt. Ein Lichteinfall ist nicht zu erkennen. Helligkeitsunterschiede sind so eingesetzt, daß sie den Wechsel der Flächen innerhalb der Frauenfigur betonen. Einen Eindruck von Licht und Schatten bewirken sie nicht.
Daher kommt eine räumliche Wirkung kaum zustande: Es fehlt jede Form einer perspektivischen Darstellung, und eine körperliche Modellierung der Frau, etwa durch einen Lichteinfall, kann man ebenfalls nicht feststellen.
Zwar ist die Figur der Frau auf dem Bild zu erkennen, auch ihr Kopf und ihre Frisur wird angedeutet. Jedoch hat der Maler weder Details ihres Gesichtes ausgeführt, noch hat er sich überhaupt um eine Naturnähe bemüht. Er hat das Modell zum Ausgangspunkt für eine geometrisch angelegte Flä-

chenkomposition auf seinem Bildgrund verwendet. Auch die Farben dienen allein dazu, diese Komposition zu unterstützen. Sie sind nicht naturähnlich verwendet (blaues Gesicht). Die ‚Junge Frau' ist also abstrakt dargestellt. Wie Daumier und Monet stellt auch Picasso sein Modell nicht als wiedererkennbares Individuum dar, sondern er benutzt es für seine besonderen künstlerischen Absichten. Die ‚Junge Frau' liefert ihm nur den Rahmen für eine Art Spiel mit Flächen und Farben, das für ihn zur eigentlichen Kompositionsgrundlage wird. Ihm ist die Gestaltung wichtiger als eine Abbildung. Im Gegensatz zu Daumier und Monet will er nichts wiedergeben, was er zuvor in der Realität gesehen hat. Er schafft und erfindet eine neue Realität, die nur auf seinem Bild existiert und mit dem seiner Bildkomposition zugrundeliegenden Modell äußerlich nur wenig zu tun hat.

Warhols Bild ‚Marilyn Monroe' ist ein Quadrat, das sich aus vier kleineren Quadraten zusammensetzt. Jedes dieser vier Quadrate zeigt das gleiche Motiv, den Kopf der Schauspielerin. Die Köpfe füllen die einzelnen Bildteile so aus, daß unten das Kinn und oben die Frisur von den Rändern leicht angeschnitten werden.

Eine Variation wird nur durch die Farben erreicht. Obwohl jedes Motiv von der Form her exakt dem anderen entspricht, bewirkt die Farbgebung den Eindruck von vier ähnlichen, aber verschiedenen Bildern. Es werden nur wenige Farben verwendet: Rot, Blau, Grün und Gelb, dazu Schwarz. Die Farben stehen allein durch ihre Buntheit in kräftigem Kontrast zueinander. Die Darstellung bleibt weitgehend flächig, obwohl gewisse Licht- und Schattenwirkungen besonders im Bildteil rechts unten zu erkennen sind.

Das Bild der Frau entstammt offenbar einer fotografischen Vorlage, aus der der Künstler die Schattierungen weitgehend entfernt hat. So sind nur noch reine Licht- und Schattenpartien geblieben, die fast ohne Übergang nebeneinander stehen. Die Art der Darstellung erinnert damit weniger an eine Malerei als vielmehr an einen Plakatdruck.

Wenn man die Teilbilder in der Reihenfolge unserer gewohnten Leserichtung betrachtet, stellt das rechte untere Bild den Endpunkt dar. Es wirkt von allen vieren auch am naturähnlichsten, weil es als einziges Schwarz aufweist und die Licht-Schatten-Partien entsprechend ihrer Helligkeit betont sind. Dagegen erscheinen die anderen drei wie Farbnegative oder Klischees für einen Mehrfarbendruck, die zusammen das Endergebnis (rechts unten) bewirken. Das kann zwar nicht sein, weil alle Farben in allen ‚Klischees' erscheinen und sich gegenseitig bei einem Druck nicht ergänzen, sondern beeinträchtigen würden. Vermutlich reicht dem Künstler jedoch der Anschein, weil er durch die leuchtenden Farben dem Bild eine besondere Auffälligkeit verleihen will.

Im Gegensatz zu allen anderen Bildern ist hier eine bestimmte Frau gemeint, Marilyn Monroe. Jedoch wird nicht die besondere, individuelle Seite ihrer Persönlichkeit gezeigt, sondern das Foto eines Filmstars, wie man es auf Kinoplakaten und in Zeitschriften, auf Autogrammpostkarten und Schallplattenhüllen findet. Marilyn Monroe ist hier reduziert auf ihr Erschei-

nungsbild in der Warenwelt des Medienkonsums, auf ihr Image als Star. Insofern entspricht sowohl ihre vervielfältigte Erscheinung in Warhols Bild wie auch die Klischeehaftigkeit der einzelnen Bildteile der Art, wie diese Frau hier nicht als ein Mensch mit eigener Persönlichkeit, sondern wie ein Markenzeichen, ein ‚Firmenlogo' von Warhol präsentiert wird."

2. Teilaufgabe

„Die schon geschilderte Erdnähe bei der Farbwahl, besonders aber die Auswahl des Motivs kennzeichnen Daumiers Bild als typisch für den Realismus in der ersten Hälfte des 19. Jahrhunderts. Im Realismus ging es nicht um die Ähnlichkeit der Abbildung mit der Oberfläche des Abgebildeten. So wird auch in diesem Bild auf die Ausgestaltung naturnaher Details verzichtet. Dem Maler eines realistischen Bildes geht es um die ‚innere Wahrheit'. Damit ist gemeint, daß er seine tatsächliche, ihn umgebende Wirklichkeit, den Alltag einfacher Leute, ungeschönt darstellt. Dabei kann er durchaus, wie bei der ‚Wäscherin', die Wiedergabe unwesentlicher Bildteile vernachlässigen oder andere Teile übertreiben, etwa die Körperhaltung, wenn sie die Schwere einer Arbeit ausdrücken soll.

In Monets Bild ist die Darstellung eines flüchtigen Moments wichtig. Er legt Wert auf die genaue Beobachtung von Lichtreflexen und Schatten bei einem bestimmten Sonnenstand. Man erkennt, daß dies Bild nicht im Atelier nachvollzogen, sondern in freier Natur beobachtet wurde. Dem Festhalten des Augenblicks entspricht die großzügige, lockere Malweise, die den Pinselstrich nicht mehr verbirgt. An allem erkennt man den Impressionismus. Diese Richtung begründete in der zweiten Hälfte des 19. Jahrhunderts die moderne Malerei, weil zum ersten Mal die bildnerischen Mittel, wie hier der Pinselstrich und die Farbe als Material, eine eigene Bedeutung gewannen.

Der Einfluß dieser und weiterer bildnerischer Mittel auf die Gestaltung eines Bildes ist erheblich gesteigert bei den Kubisten am Anfang dieses Jahrhunderts. Ein gutes Beispiel dafür ist Picassos ‚Junge Frau'. Auf das Vortäuschen einer Räumlichkeit verzichtet er. Er hat sein Motiv zu einer geometrisch stilisierten Flächengliederung umgestaltet, abstrahiert. Dabei hat er verschiedene Sichten des Modells (Profil und Front) vereinigt.

Warhol ist ein Vertreter der Pop-art. Neben Konsumartikeln gehören Idole wie Marilyn Monroe zu seinen bevorzugten Motiven. In der Pop-art sollten ‚die Grenzen zwischen Kunst und Leben' niedergerissen werden. So wurde besonders die banale Konsum- und Warenwelt zum bildwürdigen Motiv. Wie in diesem Bild zu sehen ist, sind grelle Farbzusammenstellungen, eine flächige Gestaltungsweise und serielle Wiederholungen weitere typische Kennzeichen dieser Richtung aus den sechziger Jahren dieses Jahrhunderts."

Personenregister Band I und II

Inhalt